原田英美子

心づくしの採用が起こした京都小川珈琲の奇跡

そんな採用でよろしおすか？

マイナビ

著者
原田英美子（はらだえみこ）
小川珈琲株式会社社長室長。大学で学んだ後、京都市内の建設会社勤務を経て1990年に小川珈琲入社。管理部課長、人事部長を経て2017年から現職。 新人の採用活動で全国各地を飛び回り、研修ではオリジナルのプログラムを確立し入社後の人材育成に力を注いできた。最近では、各方面から「採用 のノウハウ」「女性管理職の役割」「おもてなしの在り方」などの講演や研修を各地の公共団体や企業で行っている。現場を理解した歯切れのよい話は、持前の明るさと相まって人気を得ている。趣味は料理やフラワーアレンジメント、アンティークのグラスや銀食器の収集など。京都市中京区在住。

プロローグ　~その時、拍手がわきおこった。

平成9年12月。

本拠地の京都で開かれた大学生向けの就職説明会、小川珈琲のコーナーに集まった50名を超える学生さんたちがキラキラと輝く目で最後の挨拶をする私の顔を見つめていました。

「会社の未来は皆さんのような若い方が作っていくんです。

今は何が自分にできるか、どこの会社が自分に向いているか分らないと思います。

とりあえずは今を大切に、一生に一度しか体験できない就職活動で自己を成長させて下さい。

きっと生きがいや働きがいを感じられる会社に出会えると信じて」

話し終えた時、一瞬の静けさの後、小さくどこかで始まった拍手が次第に大きくなり会場に広がっていきました。それに気づいて驚いたのは私だけではありません。他社のブースからも「何が起こっているんだ?」と何人もの人事担当者や学生さんたちが飛んでくるくらいの、大きな割れるような拍手がしばらく続きました。

そして、拍手が鳴り止んだ後、会場にいた学生さんたちが一斉に動き始めて、いつのまにか私の前には握手を求める行列ができていました。

「お話を聞けて良かったです。ありがとうございました」
「元気をもらいました」
「就活、がんばります」

私の手を握り、口々に想いを伝えてくれる学生さんたち。握手をした後も、頬を上気させた彼らはその場を動きません。その中心にいた私の脳裏には「誰も見向きもしなかった7年前の合同説明会」の記憶が鮮やかによみがえっていました。

平成2年に小川珈琲に転職し、専務（現社長）の小川秀明氏とともに一から採用をスタートさせてから7年。その道のりは、臨機応変に対応することが求められる障害物競走であり、体力勝負の長い長いマラソンでもありました。その果てにたどり着いた一つ目のゴール。合同説明会の場で学生さんたちの拍手に包まれ握手攻めにあったこの日のことを、私はきっと一生忘れないでしょう。

そして採用責任者として活動していた最近まで、小川珈琲の説明会は受付にいつも人だかりができていました。口コミで「行列ができる説明会」とまで言われるようになり、おかげさまで素晴らしい学生さんとの出会いも数多くあって、20年以上「内定辞退ゼロ」が続いています。他社の中小企業の人事採用担当の方から「うらやましい」「マネしたい」と言われることも増えました。

私が目指してきたのは小川珈琲だけが良い人材を採用できればそれでいいということではありません。すべての心ある学生さんたちに、それぞれにふさわしい職場や上司、会社と出会って欲しい。学生さんにとっても会社にとってもウィンウィンになれるようないい関係を見つけてもらいたい。それが私の切なる願いです。

一緒に成長していけるような企業と学生さんの出会いをこれからもずっと作り出したい。幸せな会社、幸せな社員を世の中にどんどん増やしていきたいのです。だから、どんな秘訣も一切隠すことなく、私が培ってきた採用ノウハウを本書では余すところなく

小川珈琲株式会社
設立：1957年2月28日
本社：京都府京都市右京区西京極北庄境町75番地
事業内容：コーヒーの製造および紅茶、コーヒー器具、輸入食品、喫茶材料の卸、販売。関連会社である小川珈琲クリエイツは、京都市内を中心に直営店を展開。

お教えしたいと思います。

最初に言っておきます。

この本に書かれたことは、誰にでもマネできることばかりです。何一つ難しいことはありません。特別の能力もいりません。ただ一つ必要なのは「魂を込める、言霊を大切にする」こと。

それさえあれば、どんなに小さな会社であっても経験の少ない人事担当者であってもきっと素晴らしい採用を実現することができるはずです。

私も小川珈琲に入社するまでは

まったくの素人でした。

今のあなたの会社で、あなた自身による、素晴らしい未来をつくるための採用をどうか実現してください。あなたの会社のために、そして、夢を心に抱いて社会に出ようとしているすべての若者たちのために。

●大いなる勘違いからの始まり

「小川珈琲が人事のできる人を探していますよ」

建設会社で秘書として働いていた私に当時会社でお世話になっていたリクルートの担当者がそう囁いてくれたのが、すべての始まりでした。

当時の私は20代後半。すでに結婚していて子供が2人。秘書としてやりがいのある仕事を楽しんではいたものの、夜遅い時間の接待に駆り出されるようなことも多く、幼い子供を持つ母親としては時間のやりくりなどに苦労していました。そんなこともあって、ぼんやりと転職を考えていたタイミングでした。

ちょうどその頃は、秘書業務の傍ら会社訪問の学生さんの応対に携わっていた時期でもあり、「人事」という仕事に興味があったことも背中を押してくれました。新しい可能性を見つけることができるかもしれないという期待を胸に小川珈琲の面接に伺ったのです。

小川珈琲のことは、もちろん「よく知っている！」つもりでした。西京極にある本店の喫茶店にはことあるごとに通っていたからです。晴れた日には太陽の光がさんさんと降り注ぐ明るい開放的なお店には、いつ行っても常連さんとも言うべき顔なじみのお客さんがいっぱい。居心地の良い雰囲気に包まれて、大きな丸テーブルがどんと置かれたフロアでおいしいコーヒーとケーキ、サンドイッチなどをランチタイムや仕事の合間、休日などに楽しんでいました。

「こんなに素敵な喫茶店を経営しているのだから、きっと大きな立派な組織なんだろうな。素晴らしい採用活動をしているに違いない」と、その頃の私は思い込んでいました。

ところが…、と言ってしまっても、もう時効ですよね。これが大きな誤解、勘違いだったのです。もちろん地域の方に愛されている喫茶店であることは事実でしたが、会社組織の方はまだまだ未完成で発展途上！　カンパニーとか組織と呼べるような体系だったものは少なく、本当に街の喫茶店でしかなかったのです。

また、実は食材の卸業が小川珈琲のメインの業務だということも面接の際に初めて知りました。

その頃の小川珈琲では、社員の採用や教育は専務（現社長・小川秀明氏）が一人で担当していました。将来は社長を継ぐという立場。「会社の未来をつくる」という考えの元に人事採用に力を入れていきたいと考えて外部からの人材登用を検討していたということでした。

はじめての会社訪問でお話を伺うと、とてもやりがいがありそうな仕事でもあり、子育て中の母親であることにも理解を示していただけました。何より、専務の語る会社の未来予想図や真面目でやさしい人柄にとても魅力を感じた私は、将来この会社で人事部をつくるという大きな夢を実現する決意をしたのです。

でも、事はそう簡単には運びません。後から聞いた情報によると、役員のほとんどが私の入社に猛反対。

「中途入社の女性に何ができる」

「子どもがいる女に採用なんていう大事な仕事は任せられない」

そうです。1990年代は、まだそんな意見が声高に堂々と叫ばれていた時代だったのです。

結局、入社が決まったと連絡を受けるまでに2週間近くかかりました。すぐに返事が来ないので私の方では「もう無理なんだろうな」とあきらめていた頃にようやく電話をいただくことができたのです。どうやら、社内は反対の嵐で孤立無援の中、専務だけが「彼女を採用したい」とがんばり続けてくださったということを後になって役員のお一人から聞きました。

入社が決まったと言っても、社内の反対の声が収まったというわけではありません。出社初日から様々な洗礼（はっきり言えばいじめです）を受けました。高卒の女性社員からの猛反発、男性社員からの「女は黙って男のサポートをしていればいいんだ」と言わんばかりの見下したような態度。直営の喫茶店で働いている中には茶髪でヤンキーみたいな見かけの人も多くて、店長はたたき上げで「俺が一国一城の主だ」というお山の大将。組織としての仕組みが出来上がっていた建設会社の秘書という立場から転職してきた身としては「すごいところに来てしまったな」と、カルチャーショックの連続でした。

そういう逆風吹き荒れる中で「人事」の仕事をスタートすることになりました。最初に確認したのは小川珈琲ではこれまでどんなふうに人を採用してきたのかということでした。それを知らないと何から手をつければいいのかもわかりません。人事の経験が少ない人は過去の動線を意識せずに目の前の仕事を進めようとする方が多いように思います。でも、それでは成功する確率は低くなります。

過去の採用手法を聞いてわかったのは、多くが縁故、またはアルバイトからの採用だったということです。得意先の方から紹介されて入社してもらった、アルバイトの学生さんに声をかけてそのまま社員になってもらったというわけです。つまり、プロセスを踏んだ採用活動というものはこれまであまり行われていなかったのです。「それで何が悪いの？　別に困ってもいないけど」というのがほとんどの社員の正直な気持ちだったのは、当時の状況では仕方のないことでした。

●「まずは、風土改革だ」

最初のミッションは、だから、これまでの風土そのものを大きく変えることでした。採用が企業にとってなぜ大事なのか、研修や教育は何のために必要なのか。基本の「キ」から納得してもらわなければなりません。

当時の小川珈琲は、ある意味〝ダイバシティ〟な環境でした。いろんな仕事があり、いろんな人がいて、いろんな意見を持っている。多様な価値観をそれぞれがそれぞれの立場から主張している。

多様な意見があることはとても素晴らしいことですが、問題は互いに全く聞く耳を持たず、認め合う気が無いことでした。小さな会社なのに、いくつものグループ、派閥に分かれていて、互いに非常に仲が悪い。営業社員が「俺たちが外で頑張っているのに、事務の女性が生意気だ」と文句を言えば、事務の女性側は「私たちが事務をやってあげているから、あなたたちは外に出られるんでしょう」と反発。プイっと顔を背け合って仲間内だけで固まっているような状況でした。

「しまった」…。

何度そう思ったかしれません。

「こんな会社だと思わなかった。辞めるなら早い方がよさそうだ、明日にでも辞めちゃおうかな」

最初の頃は毎日そう考えていました。

それでも、出社すればそれなりにやるべき仕事が待っています。今考えるとそれも専務の作戦の一つだったのかなと思いますが、「あれやっといて」「これお願い」と頼まれて目の前の仕事を片付けることに追われて動いているうちに、いつのまにか私自身の中に小川珈琲でやっていこう、専務と一緒に会社を成長させたいという気持ちが芽生え、やがてしっかりと根付いていったのです。

その頃、専務の口ぐせは「小川珈琲をお互いに思いやりのある職場にしたいんや」ということでした。採用よりも教育よりもまずは、企業風土をよくしたい。とはいえ風土改革は一朝一夕でできることではありません。ましてや私は中途採用の「外様」扱いで、「あの女は何ものやねん?」と色眼鏡で見られているような状況です。私にできるのは、まずは社内の状況をリアルに知ること、それだけでした。

入社した当時は人事部という部署がなく、人事の仕事も常時あるわけではありません。手空き時間が多くて何か手伝う事があればと思い工場に行ってみました。小川珈琲はギフト用の商品の取り扱いも多かったので、工場ではパートの従業員さんたちがギフト用の箱を組み立てています。黙ってみているだけでは「何しに来たん?」と反感を買ってしまいます。「手伝わせてくださいね」と、一緒になって箱折りを始めました。

そんなある日、創業者の小川秀次氏(当時の社長)がふらりと工場に現れて私にこんな質問をしました。

「原田君、今日はギフト、ようけ注文入ってるか?」

その時の私はただ機械的に何も考えずに箱を折っていただけ。ギフトの数や種類などを意識してはいませんでした。でも、社長の言葉でハッと気づかされたのです。そうだった、私は箱折りのために採用されたんじゃない。専務の直属の部下として採用を通じて一緒に会社の未来をつくることを期待されているんだということを。

（箱を無心に折っている場合じゃない。頭を使ってしっかりと状況を把握しなくちゃ！）

翌日もまた、社長がやって来て「今日はどうや？」と尋ねました。そんなこともあろうかと、あらかじめ準備してちゃんと調べていた私が「今日は○○セットがたくさん注文いただいていているみたいですね」と答えると、「そうか、そうか」ととても嬉しそうな様子。

（よかった！）

そんなことを繰り返すうちに、商品の種類も覚え、それぞれの売り上げについても意識するようになっていきました。

商品であるコーヒー豆をどれほど大切に扱うべきかを教えてくださったのも社長で

す。工場では焙煎の際にコーヒー豆が床に落ちることがままあります。一度床に落ちてしまったものはすぐさま掃いて捨てていました。ところがその場面を見た社長が、ある日、私にこう教えてくださいました。

「この一粒の豆がお客さんからいただくお金に代わって、それが社員の給料になるんやで。一粒のコーヒー豆でも落とさんように大事にせんとあかんで」

一粒の豆は、とても大切なもの。そう思えるようになると、今度はコーヒー豆を作っている生産者のことが気になります。どんな場所で、どんな人たちがどんなふうに作っているんだろう？　興味と関心が深まって、どんどん調べたり話を聞いたりするようになっていきます。そうやって、私自身もゆっくりと小川珈琲という会社に馴染んでいきました。そして、どんどん好きになりました。

やがて、社長や専務が目指す理想の企業風土をつくろうという夢は、私自身の夢にもなったのです。

泣き笑いの学校訪問

「小川珈琲という会社で、人事としてしっかりやっていこう」

そう思うようになった私でしたが、自分自身がそう決意できただけで周りの社員からの反感は依然変わりません。そんなに簡単に崩せる壁ではなかったのです。毎日のようにいろいろ考えて、「当たって砕けろ」的な行動もしましたが、当時は私もうら若き女性。今ほどタフではありません。社内での四面楚歌のような窮屈な状況に疲れたときには、外出する予定が何より嬉しかったものです。外へ出てやっと息がつける。今思い出しても、あのころはそれくらいしんどい毎日だったのです。

そのためだけというわけではありませんが、積極的に外へ出て学校への挨拶回りを始めました。本当は「大卒採用」を見越して大学回りをしたかったのですが、社内のムードは「大卒の新入社員なんていらない」の声が依然高く、あえて波風を立てるのもどうかと、最初は社員の卒業した高校を順に回りました。

そして、ここでも社長（当時）の大きさ、立派さを知ることになったのです。どこの学校に伺っても必ず「社長さんも、よう来てくれはった」と教えられたからです。直接、社長から「社員の卒業した高校を回った」というような話を聞いたことはありませんでした。押し付けになると思われたからでしょう。私が自分で気づいて動くのを黙って見守ってくださっていたのだと思います。社長もかつて、忙しい毎日の合間を縫って学校訪問をされていたことを知って、私も「現場を大切にしよう」「足を運び、直接会うことを続けよう」と決意しました。このことが、後の大学訪問や学祭めぐりにつながっていきます。

結局、文字情報は文字情報。学校案内を取り寄せていくら熱心に熟読してみても、やっぱり文字は文字に過ぎないのです。それだけでは現場の空気はわからないし、相手の顔も見えません。これはお互いさまで、私たちの会社案内や募集要項も、ただ送り付けるだけでは伝えたいことのすべては伝わりません。そう気づいたこともあって、条件やデータだけではわからない小さな会社の良さをわかってもらうために、手探りで動き始めました。

振り返ると、顔から火が出そうな恥ずかしい失敗もたくさんあります。とにかく小川珈琲を知ってもらおうと張り切っていた私は、企業の人事担当者がいかにも着そうな黒や紺のスーツをあえて否定して、ピンクなどの華やかな色のスーツで学校訪問をすることが多かったのですが、行く先々で「どちらの営業さんですか？」と聞かれるくらいはマシな方で、「どこかの夜の店の人がやってきたのでは？」なんて誤解されることもあったみたいです。ビジネスバッグは持たず、流行のバッグやパンプスで訪問していたものだから、学生さんの保護者に間違われるなんてことは日常茶飯事。「人事のものですが」って言うと驚かれて「どこの？」「ほんまに？」と根掘り葉掘り質問を受けました。当時はそれくらい、人事担当者が若い女性というのは珍しかったのです。

泣きたくなるようなことも、実にたくさんありました。

大学側の担当者から「なんだ、女か」という扱いを受けたことは数知れず。きちんと事前にアポイントを取って伺ったにもかかわらず何時間も待たされるというようなこともありました。会社が小さくて有名でもなかったから、他の大企業の担当者がアポなしで来てもそっちを優先して、こちらはあとまわし。ようやく会っていただけたと思ったら、「えーと、ＯＣＣさんでしたっけ？」なんて、コーヒー会社として当時から有名だった大手ロースターさんと「小川珈琲（ＯＣ）」が混じって勘違いされていたなんてこともありました。

一番悔しかったのは、せっかく担当者と向かい合って話していても、相手の質問は私自身への個人的な興味本位のことばかりでこちらの真面目な話をちっとも聞いてもらえなかったことです。

ただ、学校訪問を愚直に続けているうちに、とても嬉しいことも起こりました。とある京都府下の高校を何度目かに訪問した時のことです。門をくぐると、高校生たちが校舎の3階からこちらを眺めていて私の姿を見つけると「あ、来た来た！」とキャーキャー大騒ぎ。大きく手を振ってくれて、そのあとダダダっと階段を駆け下りて走って駆け寄って来てくれました。

実は、初めて訪れた時に、生徒たちとこんな会話があったのです。

「こんにちは、小川珈琲の原田です」

生徒さんたちは「何それ？　誰なん？」と言わんばかりの顔。

「小川珈琲、知ってる？」と聞いても、「知らん！」という返事。

「コーヒーは飲みますか？」という質問には「あんまり飲まない」と返って来て、会話が続きません。

でも、そこは高校生。やっぱりとても純粋でかわいらしいんです。

「何しに来たん？」と聞かれて「この学校を卒業したら、うちの会社に来ぃひんかなぁって、そう思って来たのよ。それが仕事なの」って答えると、「へー。ほな、今度はいつくるのん？」って。

その後、訪問を重ねているうちに前述のシーンのように歓迎してくれるまでになったというわけです。

大学訪問でも同じようなことがありました。大学に伺ったときは、キャリアセンターだけじゃなくて図書館や学食、キャンパスも歩き回って学生さんとお話をします。食堂で一緒にランチを食べながら「小川珈琲って知ってる？」なんて話しかけるのです。学生さんの方も働くということに漠然とした興味や不安があるので「会社ってどんなとこなん？」といった質問もしてくれるようになって、帰り際には「また来てな」と見送られたり「次はいつ？」と約束を求められたりするようにもなっていきました。

●上司の「聞く力」が命綱

「会社を辞めたい」という気持ちを立て直せたのは、専務がいつでもどんなことでも「聞いて」くださったからです。実は私、このころ何度も「辞めたい」って言ってるんです。でも、そのたびにやわらかい京都弁で「なんで？」「何がいやなん？」って聞き返されました。

当時、専務は30代前半くらいだったでしょうか。本気で小川珈琲という企業の風土を改革しようと決めていて、その相棒として中途入社の私に期待してくださっていたのでしょう。忙しい中、時間を作ってとにかく話を聞いてくださった。説得しようとはしないで、ただただ聞いてくださる。私が社内でしんどそうにしていると、外に出る用事を作って「ちょっと、頼むわ」って外出を言いつけて、小さな声で「ゆっくり行っといで」と付け足してくださったこともありました。

それでも社内の雰囲気はそう簡単には変わりません。ほとんどの人が私に対して不満を抱いていることを隠そうともしません。ただ、それでもとにかく毎日顔を出して、何らかの行動を積み重ねているうちに「原田さんが来てから、会社の雰囲気がちょっと変わったわ」と声をかけてくれる人が現れ始めました。最初にそんなふうに声をかけてくれた男性のことは、今も忘れられません。

当時は男性社員と女性社員の中が犬猿の仲というくらいに悪かったので、「仲を取り持って欲しい」という期待があったのかもしれません。なんてったってお年頃の男女ですから、仲良くできるならそれに越したことはありませんよね。

そんなふうに、少しずつ、少しずつ、社内に新しい風がゆっくりと流れ始めたのです。

●初めての合同説明会は参加者ゼロ!?

入社して一年が経った夏に、初めて大学生向けの就職合同説明会に参加してみることにしました。それまでは紙媒体だけで募集をしていたのですが、それでは学生さんに小川珈琲の名前をなかなか知ってもらえない。そもそも大学生は小川珈琲が運営しているような形式の喫茶店にはあまり行きません。友達と行くとしたらファストフード店やフードコートのカフェテリアです。「まずは小川珈琲という存在を認知してもらおう！」そんな意気込みで説明会への出展を決めたのです。

その結果は、一言で言うなら「惨敗」。涙、涙です。

今思い返しても悲しい気持ちが蘇るほどです。というのも、学生さんが誰一人として小川珈琲には立ち寄ってくれないのです。その時は、全部で40社くらいの企業が参加していました。他のところはどこもとてもにぎわっているのに、小川珈琲のブースは閑古鳥。地元のテレビ局が取材に来ていましたが、私たちのところは見向きもされず、素通りです。

迎える側の私たちに準備不足の面があったことも事実です。大学生の新卒採用のためのオリジナルツールをまだ作ってはいなかったので、リクルートが発行している雑誌からフォーマットを借りて、付け焼刃のプレゼンテーションです。私ひとりでスタートし、途中からは専務が合流して二人になっても、学生さんは全く来ない。時間が経つのがこれほど長かったことは後にも先にもありません。でも、途中で撤退せずに最後までその場所に居残り続けました。なぜなら、こう開き直ったからなんです。

「こうなったら、企業ウォッチングしてやろう」

学生さんに人気のある企業はどういうところなのか、話を聞いてくれるのはどのくらいの長さなのか、説明を受ける前と後でどんな風に表情が変わるのか。他にすることもないので、じっくり眺めながら頭の中で作戦を練りました。そして、決意したのです。

「絶対にいつかテレビの取材にバーンと映ろう！」それくらい注目される企業になってやる！　と。

従来の採用担当者のイメージを払拭。自分らしさを大切にして、懇親会には着物で参加することもあった。

この無謀とも思える夢は、5年後にかなえることができました。某大手テレビ局の取材で映していただき、その後いろんな方から「テレビで見たよ」と声をかけていただいてとても嬉しかったことを覚えています。そして、それ以降は取材依頼が相次ぐようにもなり、いつのまにか合同説明会では受付に行列ができるほどの人だかり。他の企業の人事担当者の方たちが私の話を聞きにいらっしゃることも増えました。

5年という時間は、今思うと夢中で駆け抜けた思い出とともに「あっという間だったな」という気もしますが、実際にはもちろんとても長い日々でした。コツコツと勉強や研究もしながら思いついたアイデアを実行し、結果を見てさらに修正を加える。試行錯誤を繰り返して採用のためのテクニックとノウハウを積み上げていきました。

すべて自分自身で考えたことばかりなので、非常にユニークだという評価をいただいています。この本の中では、全部丸ごとオープンにしていきますからどうぞご期待くださいね。

第一章　採用をめぐる20年の軌跡

●小川珈琲という会社のこと

ここで、私が人生の半分以上を「この会社をもっともっとよくしたい！」と思い続けて情熱をささげてきた「小川珈琲」という企業の歴史についても軽く触れておきたいと思います。

小川珈琲は終戦から7年が経った昭和27年に京都市中京区で小川秀次氏（初代社長）が、最初は個人で創業したのが始まりです。小川秀次氏は太平洋戦争でラバウル駐留を経験しています。その際に現地のコーヒー農園での作業に駆り出されることがあって、初めてコーヒーというものに出会った

創業当時の業務用ミル。

そうです。

「なんや？　この摩訶不思議な飲み物は…」

衝撃的な驚きから始まり、やがて、とりこになっていきました。コーヒーとはなんと不思議な飲み物だろう。飲めば気持ちがホッとリラックスもできるし、一方で、元気にもなれる。日本茶とも違う。この魅力的な飲み物の存在をたくさんの人に広めたい。「もしもラバウルから無事に日本に帰ることができたら、京都でコーヒーの仕事がしたい」と、そう思ったと言います。小川秀次氏は京都というブランド力の高い土地にこそ、コーヒーはふさわしいと考えました。京都は茶の湯の文化が根強く残っている場所でもありますが、伝統を守りつつ革新的なことをいち早く取り入れる文化を持っているからです。

無事に日本に戻り、仲間を集めて3人でコーヒー豆の卸売りを始めたのが昭和27年。柳馬場の住宅の1階に焙煎器を入れて事務所と焙煎のスペースに。2階が家族の住居でした。現社長の小川秀明氏の子どもの頃の遊び場は「焙煎器のある部屋だった」そうです。

1954年当時の本社（京都市　柳馬場）。

当時の事務所。

昭和32年には株式会社を設立。事業内容は、輸入したコーヒー豆を焙煎して喫茶店に卸すというものです。当時、京都では現在も抜群の人気を誇る老舗の某喫茶店が京都大学の学生さんや教授などの文化人、京都を住処とする文学者や学者などに愛されていました。京都大学近くの老舗喫茶店に川端康成さんがよくコーヒーを飲みに現れたという話は今も語り継がれています。

当時の代表の小川秀次氏の夢は、京都にコーヒー文化を作りたいというものでした。喫茶店に良質のコーヒー豆を卸すことを通じてその夢をかなえたいと願っていました。とはいえ、まだまだ始まったばかり

当時は、バイクでコーヒー豆を配達。

旧営業車。

の業態です。予想もつかないトラブルも多かったと言います。買い付けたコーヒー豆の包みを開けると、かさを増すために石ころや長靴が入っていたこともあるなんて話をいつだったか聞いたことがあります。

卸業はそれなりに順調に拡大していきましたが、コーヒーを飲む人の数は思うようには増えません。そもそも、コーヒーを知らない、飲んだことのない人も多かったのでしょう。喫茶店に足を運ばないと飲めないのですから、なかなか一般人の生活にはなじみません。もっと気軽に身近にコーヒーを楽しんでもらいたい。そのためにはどうしたらいいんだろう。そう考えた結果、コーヒー豆の一般販売を始めようと決意しました。

とはいえ、卸先の喫茶店に「うちの豆を売って欲しい」とも言えません。そこで、直営の喫茶店の第一号を京都市伏見区にあるスーパーマーケット「イズミヤ」の1階入り口近くにオープンしました。昭和45年のことでした。

喫茶店でコーヒーを飲んだ人が「おいしかったから家でも飲みたい」と買えるように、レジ横で販売を始めました。お買上げいただいた方には丁寧に淹れたコーヒーをデミタスカップで味わっていただきました。買ってもらうために安く売る、というやり方を小川秀次氏は好みませんでした。誇りを持って売っている商品なんだから、その良さをじっくり分かってもらえるような売り方をしよう。これは、今も続く小川珈琲の精神です。日を重ねるごとに、じわじわとコーヒーファンが増えて、販売量が伸びていきました。

「京都の珈琲の味は、小川珈琲がつくった」とまで言われるようになりました。

次の展開は、スーパーマーケットへの卸しでした。その際にも、価格で勝負はしない。

直営店1号店(伏見店)。

品質で勝負です。「小川珈琲はコーヒー屋なんだから、コーヒーにこだわろう」と、産地にこだわり、豆の質にこだわり、焙煎にこだわりました。スーパーマーケットなどでお客様から「小川珈琲の商品はちょっと高いよね」と言われることが多いのですが、「本物」志向なので、どうしても「高級」になってしまいます。コーヒー文化を作りたいという思いから始まった会社なので、コーヒーでただ儲かればいいという考えはありません。

現在は、国内スーパーマーケット市場のレギュラーコーヒーメーカーとして四番手の位置につけています。（小川珈琲調べ）私が入社した頃からすると、これってすごいことなんです。だって、当時、京都以外では「小川珈琲？　聞いたことないわ」なんて何度言われたことか。でも、その頃から十数年。今では競合他社さんとは全く別の存在感を示せていると自負しています。

また、１９９５年から他社に先駆けていち早く取り組んだコーヒー豆の有機栽培の分野では家庭用有機栽培レギュラーコーヒー市場においてトップシェアを維持するようになりました。（小川珈琲調べ）

リピーターのお客様がとても多いのが特徴です。これも現社長（当時は専務）の小川秀明氏が、「安心・安全」を掲げた経営方針を貫いてきたからこその成果です。コーヒーは生鮮食品に比べると賞味期限が長く、もしも期限が切れてしまったとしても生命を脅かす危険はない商品ではありますが、より安全により安心して飲めるようにという意識を忘れたことはありません。

従業員数160人の7割は私が採用に関わった人たちです。彼ら・彼女らの成長とともに小川珈琲も大きな成長を遂げてきました。

●社内はまるで、陣取り合戦！

風土改革のはじめの一歩は、会社内にいくつもあるグループの大将格は誰なのかを見つけることでした。こんなたとえをしたら叱られちゃうかもしれませんが、もう時効ということで許していただくとして思い切って言っちゃうと、小さな集団がいっぱいあって、それぞれが精いっぱいの意地を張って陣取り合戦しているみたいな様相だったんです、当時の小川珈琲という会社は。

大将が右を向けと言えば右を向くし、あいつは敵だと言えば敵だとみなして口もきかないといった状況でした。

具体的には、女子社員の場合だと売掛チーム、請求書チーム、経理チーム、伝票発行チームなどがあるわけです。そしてそれぞれみんな仲が悪かった。じっと見ていれば、誰が大将なのかはわかります。彼女たちの一人ひとりに近づいていっては「何かお手伝いさせてください」とお願いをして回りました。

でも、みんなとても手強かった。
「え？　手伝ってもらうようなこと別にないけど。だいだい、何ができるのん？　できることなんてあらへんでしょ」なんて言われてしまいます。
「じゃあ、自分で探しますね」と言って、たとえば伝票に捺印するような仕事をしていると「遅い」とか「曲がってる」とか言われるわけです。それでも負けるわけにはいかない。続けていると、今度は別のチームから「なんで伝票発行チームばっかり手伝うん？」と責められる。じゃあ、ということで順番にお手伝いに入る日々が続きました。

そうこうしているうちに、私は一つ発見をしました。女性の事務員さんたちはみんな電話をとるのに苦手意識がありました。というのも、小川珈琲は喫茶店用の食品などの卸をメインにやっていますからいろいろな喫茶店から注文の電話が入るのです。営業マンが一人で150軒くらい担当しているので、全部合わせると相当な数です。しかも、喫茶店の名前は似たような名前も多いし、聞き取りにくいカタカナ名も多い。おまけに注文してくださる品も多岐にわたっています。

たとえば「トマト2つお願い」と言われても、慣れないうちはそれが「トマト缶」なのか「トマトジュース」なのかさっぱりわかりません。メーカーもカゴメなのかデルモンテなのか、いちいち聞き返すとお客様からめんどくさがられる事もあるからかなり気を遣うのです。なるほど、受け入れられるためには、みんなが苦手なことを私が引き受けるのが一番効果的だな、と思いました。電話注文を受けるのが得意になれれば、役に立つ人だと思ってもらえそうだなと目論んだのです。

そこで、毎日、女子社員たちにお願いして電話メモを集めて回り、持って帰って一枚一枚熟読しました。店名や担当者名、商品名にまず馴れる必要があったからです。さらに、よくわからない内容については翌日担当営業マンに教えてもらいます。「これ、どういう意味ですか?」って根掘り葉掘り聞き出します。営業マンと事務チームは当時とても仲が悪かったから、そういう「知りたい」という態度は歓迎されたようで、どんな質問も皆さん丁寧に教えてくれました。「このお店は、いつも火曜日の朝に電話かけてきはるよ」なんていう情報も。それを私は一生懸命覚えました。

ある日、電話が鳴ったとき、私はさっと受話器をとってこう答えました。「あ、○○さん、いつもありがとうございます。はい、承知しました。復唱いたします…」スラスラと受け答えしている姿に事務チームのみんなは最初は「あぜん」として見つめているだけ。そのうちに「この子を味方につけたらええかも」と思ったのか、向こうから近づいて来てくれるようになりました。

距離が近くなったらこちらのものです。「なんで仲が悪いの?」「にらみ合ってて、何が楽しいの?」と問いかけて、「仲よくした方が気持ちよく仕事できるよ」と言って回

1976年当時の本社社屋。

りました。

今思うと、彼女たちは高卒で入社をして小川珈琲しか社会を知らない。世間知らずだったのだと思います。遊びと言えば、カラオケボックスで歌うことだけ。だから、その頃は帰り道によく一緒にカラオケボックスに行って歌ったり踊ったり、拍手をして盛り上げたりなどを積極的にやりました。そのおかげでだんだん仲良くなれて、私の意見に耳を傾けてくれるようになりました。

●初めての「大卒採用」に社内は総スカン！

本格的な採用活動の前にまずはここからと始めた風土改革が、少しずつではありますが前進しているなと感じられるようになりました。社内のギスギスしたムードもずいぶん改善されて以前のようなチームごとにバラバラの状態からは抜け出せたことも実感できました。そこで、そろそろ次なるステップへ進んでもいい頃だと思って「大卒社員採用」を打ち出したのです。

すると、これがもう大騒ぎ。

「大卒なんて、うちの会社にはいらない！」、こんな時ばかりはみんな声をそろえての大合唱です。当時の小川珈琲は、喫茶店部門の社員はほぼ全員が高卒でした。だから「大卒なんかが入ってきたら、生意気に決まってる。使いにくくてかなんわ」と言うのです。学歴に対するコンプレックスもあったのかもしれません。大卒採用を提案した私への風当たりの激しさは、相当なものでした。


「なんで大卒はイヤなんですか？」と、私。

「そんなん、俺らが使いにくいやん」ととある店長。

「でもね、お店の売り上げ、上がった方がいいでしょう？」

「大卒来たら、上がるんか？」

「そりゃあ、大学で4年間勉強したはるんですもん。アイデアも出さはるし、アルバイト経験もあるし、戦力になってくれはりますよ。店長も助からはると思いますよ」


そんな会話で一人ひとり説得を重ねました。「そこまで言うんやったら、試しに入れてみてもええよ」と言ってもらえるまで。

やがて、実際に大卒社員が入って来てくれました。待ちに待った入社！　私は大喜びでこの日を迎えたのですが、店舗に研修に入った初日にいきなり新入社員から涙の訴えがありました。

「原田さん。何をしたらいいかわかりません」と、新入社員。

「そんなん、店長とか先輩に教えてもらったらええのよ」と、私。

そうすると、とても話しにくそうにこう言うのです。

「背中で覚えろ、って言われました」

それを聞いた私は、もう、クラっとして倒れそうになりました。「そんなわけないでしょ。マニュアルがあるでしょう」と店長に掛け合うと、「そんなんない！」と突っぱねるんです。店長いわく「みんな背中で覚えるんや」。

私は内心で「よう言わんわ」とつぶやきました。

「背中で覚えろって言わはるけど、店長、たばこ休憩が長くてお店に居てはらへんのに……」

店長はいつまでもかたくなに新人にココロを開いてくれないし、かたや新入社員は「もう辞めたい」と弱音を吐くしで、本当にこの頃は毎日が苦労の連続でした。

●「出世が早いよ」で口説いた大卒社員

初めて採用した大卒社員のことを少しお話ししましょう。

それまでに通年で大卒採用の実績がなかったから、有名大学などからの採用はできません。偏差値的にはそんなに高いところではなかったけれど、学校の雰囲気や学生さんの表情で「ここやったら大丈夫」と思ってある男の子を口説きにかかりました。

さて、口説き文句はどうしましょう。今すぐ目に見えるような形での魅力は提示できません。だって、実績がないんだから。でも、とにかくこう言い続けたのです。

「大卒でうちに入ったら、出世は早いよ」
「他の大手に行くより、うちの方が絶対に早く店長になれるよ」

店長になったら権限が増えて、給料も増えます。責任ある立場にはなるけれど、一国一城の主になれるよ…。そんなふうに輝く未来を見せるべく一生懸命に語りました。中小企業の採用は「今」じゃなく「未来」のイメージをいかにうまく描かせるかが肝になります。

そうやってようやく学生本人が「入社します」と言ってくれて喜んでいたら、数日後に「親が大反対なんで、やめときます」なんて言われたこともありました。親御さんにしてみたら、大学まで出した息子がなんで喫茶店に？　と思われたのでしょう。そこもまた説得せねばなりません。

女性の大卒社員を初めて採用できたのは、その後数年が経ってからでした。今では男女の比率は6対4くらい。どちらも業務の垣根なく、仕事に励んでくれています

●店長はヤンキー⁉

今なら、私がこんなことを話しても社員たちが怒ることはないと思うので正直に言いますが、私が入社した平成の初めの頃の小川珈琲の喫茶店部門の社員は見た目がヤンキーみたいな人が多かったんです。ソフトリーゼントのような髪型、するどい目つき、言葉使いから行動に至るまでやんちゃさんが多かった。そして、ヤンキーの特徴は仲間でつるむのが大好き。良いところは、情にあつい。大卒社員をうまくお店に馴染ませるためには、さらにもっと多くの大卒社員を採用し定着させるためにはヤンキー店長の協力が絶対に必要でした。

ヤンキー店長を味方につけるための算段をしながら「ヤンキー」部分の改善のための努力もしました。だって、本当に素晴らしいものを内に持っているのに見た目や行動がヤンキーでいるのはとってももったいないと思ったからです。乱暴な言葉や行動はお客さまや取引先さまを不快にするだけでなく、店長本人も結局損をすることになります。徐々にマナー研修なども取り入れて、それまでになかった「社内教育」に時間もお金もずいぶんかけました。

「席を立つときにはいすをテーブルの下に仕舞いましょう」

そんな基本的なことから伝えたのですが、そのときも「そんな辛気臭いことできるか」なんて声が返ってきました。

「お辞儀の角度には30度と60度と90度があって…」という話には、「そんなん誰がいちいち測ってるねん！」なんてブーイングが飛びます。すべてに文句。いちいちツッコむ。研修に何の意味があるかわからない、というのが店長たちの率直な意見でした。そんな暇があったら皿の一枚でも洗え、と。

いっそ新人社員を店長たちから隔離してきっちり教育したい。そう考えたこともありましたが、でもそれではいつまでたっても店長の理解は得られない。だから、私はあえて店長にこうお願いしたんです。

「研修を、一緒にやりませんか？」

こんな内容で、こんなことやってるんですよとすべてをオープンにして、巻き込んでいきました。最初のうち「こんなんいらんやろ」と不満たらたらだった店長たちでしたが、続けているうちに次第に注目してくれるようになっていきました。エクセルの資料をつくるのが得意な新入社員を見つけた時には「大卒ってすごいな！」と素直に感動もしてくれました。

それと並行して、採用活動にも参加してもらうように企みました。説明会に参加してもらって、学生相手に店舗運営の現場の話をしてもらいます。紹介するときに「このお店はとても儲かっていて、わが社のドル箱なんですよ」なんて話すとすごく嬉しそう。終わった後には「今年もええ人、とってや」なんて声をかけてくれるようになりました。

そんなことを続けているうちに、数年経った頃でしょうか、ようやく「大卒もええな」って言ってくれるようになりました。その言葉が聞けたら、もうこっちのものです。「だったら、これからは現場でもっと深く採用に関わりませんか？」とぐんぐん引き込んでいきました。社員たちが採用を人事まかせの「他人ごと」にしないで「自分ごと」として感じてくれるようになったこと、これは小川珈琲の人事の歴史におけるとても大きなターニングポイントでした。

●手強かった営業部長との接し方

店舗に配属された新入社員からは、それでも頻繁に「もう無理です」「辞めたい」という泣き言が入ります。そのたびに、お店に飛んでいって店長と一対一で話をしました。

「社員がなんかつらいって言うたはります」と、私。

「イヤやったら、辞めてもろたらええやん」とあっさり言い放つ店長。

店長の言い分は、こうなんです。

「飲食業は人の入れ替わり激しいもんやし、新卒の社員じゃなくてもアルバイトでもええやん」

社員とアルバイトでは「役割」が全く違うということを最初は理解してもらえなくて、

同じような問答をどこの店でも繰り返しました。
店長というのはある意味お山の大将で、他店の店長に対してのライバル意識も強くてそれぞれがとても個性的な人たちです。誰にでも通じる攻略法というのは無くて、一人ひとりと話してみることでしか解決の糸口を見つけることはできませんでした。

もっと手強かったのは、当時の営業部長です。採用や教育に興味も関心もあるけれど、私のような外様のやり方をすぐに認めるわけにはいかない。自分のやり方でやらずには済ませられない人だったのです。

「俺のやり方についてこい！」

男らしい一言ですが、私が何を言っても「新米の原田君に小川珈琲の何がわかる？」と、よく言われたものです。

私がやりたい採用や社員教育を進めていくためには、この部長に理解してもらう必要があります。だけど、仕事上ではなかなか聞く耳を持ってくれません。さてどうしよう？と考えた結果、やってみたのは「仕事じゃない時間」を活用することでした。

何をやったかと言うと、部長の趣味のバイクに付き合ったのです。週末にどこを走るのかを聞いて、その場所に赴いて「部長！」と手を振りました。仏頂面で「何しに来たんや」と言われても負けません。「見てみたかったんです」と、ただそれだけ。もちろんそんな場所で仕事の話なんて一切しません。ただただ、プライベートの時間で仲良くなることに努めました。誰かとの距離を本気で近づけようと思ったら、嫌われるのを覚悟で懐に飛び込んでいくことが絶対に必要なのです。

その後、プライベートでの会話が増えてくると会社でも話を聞いてくれるようになりました。そのうち、人事の悩みなどを相談してくださったりもするようになって最終的にはとても強いタッグが組めたと思います。営業部長が私のことを信頼してくれる様子に、社内にほかにもたくさんいた「人事なんて必要ない」と考えていた不満分子も懐疑派も、徐々に「人事があると、ええかもなぁ」って認識してくれるようになったのはとても大きな成果でした。

大手の会社では人事部はあって当然の部署なのですが、中小企業では当時は特にそれほど重要視されていなかったのです。だからこそ、私は小川珈琲の中に、人を大切にする部署である「人事部」を作りたかった。それをかなえることができたのは、もちろん私一人の力ではなくて陰になり日向になり支えてくださった専務や社長、そしてたくさんの見た目（笑）ヤンキー店長やこわもての部長たち、新参者に最初は反発しながらもやがてはたくさんの力を貸してくれた社員たちのおかげです。

●人事部とは「人・会社の未来を創る為に社員の声を聞く・人を大事にする」こと

「とにかく人を大事にする」という小川珈琲の社内制度の話に触れる前に、大卒の採用を始めた頃に私自身が経験したあるエピソードをお話したいと思います。

当時、私は二人の幼い子供を抱える母親社員でした。母が家にいて面倒を見てくれるという比較的恵まれた環境ではありましたが、それでも子供は母親の帰りを毎日今か今かと待っています。仕事が終わったらすぐにでも帰ってやりたいというのが母心でもあります。

でも、採用活動に関わった人ならすぐにわかっていただけると思いますが、学生さんへの連絡はたいてい夜じゃないとつながらないのです。その頃はネットがまだ普及する前ですから、主な連絡手段は自宅への電話です。携帯もまだない頃です。大学生のほとんどは授業が終わった夕方にアルバイトを入れているから、帰宅するのは夜の9時や10時。大事な連絡があるとはいえ、そんな時間まで会社に残っているのは、私にとってはとても難しいことでした。


困り切って、ある日、専務に相談をしました。

「学生さんに電話するために毎日遅くまで残業になってしまいます。子どもたちのために、できればもっと早く帰りたいんですけど…」

言ってはみたものの、解決方法なんてなさそうだなと内心ではあきらめていました。でも、専務はそれを聞いてすぐにこう言ってくれました。

「ほな、原田さんの家に電話回線をもう一本引いてあげるわ。家から電話したらええやん」

実際にすぐに手配もしてくださって、私は自宅で子供たちの面倒も見ながら人事の仕事をまっとうすることができました。今でいう自宅でのテレワークの、まさに走りです。

この時の見事な解決が、その後ずっと私の人事としてのスタンスの基本となっています。


「社員が困っていたら、助けてあげたい」


社内制度設計の基本は、これに尽きると思います。

隔週の土曜日休みが当たり前だったコーヒー業界で小川珈琲はいち早く完全週休二日を取り入れました。ワークライフバランスなんていう言葉をまだ誰も知らない時代でしたが、

「仕事ばっかりでは視野が広がらない」

「家族と過ごす時間が少ないのはあかん」

「しっかり働いて、しっかり休むことが大事」


という専務の想いで始めた制度です。休みが増えるんだから社員たちは大喜びだと思

うと、実はこれがそうでもなくて、主に部長クラスの人たちから「この業界はお客さんあってのもんや。サービスが優先。社員は休まんでもええ」なんて横やりが入りました。

こんなふうに社内で意見が分かれた時には、どっちの意見が正しいかなんていう議論は必要ありません。それよりも、どちらが経営者の思いに寄り添えているかで判断します。採用のために少しでも見栄えのいい制度を作っておこうという気持ちをつい人事は持ってしまうものですが、後々になってぶれないためにも「基本」となる想いを常に持っておくことが必要です。

小川珈琲では、社員の「こんなことに困ってます」という声を聞くたびに、制度や特例が増えていきました。

育休期間の延長、住宅手当、遠隔地手当。最近では親の介護が始まった社員をどうやって会社として助けるかという議題を真剣に話し合いました。結果として転勤を伴う人事異動の発令を停止して、もしもまとまったお金が必要になりそうなら退職金の先払いもできるようにするよと伝えたら、とても喜んでくれました。こんなふうに親身になって個別対応ができるのは、中小企業ならではの良さだと思います。

第二章　「超氷河期」もこわくない！ 人材確保の秘訣

●20年以上、内定辞退者ゼロ！

「小川珈琲では20年以上、内定辞退者はゼロです」

そう言うと、特に中小企業の人事担当者の方は一様に大変驚かれますが、自分でも正直びっくりしています。「秘訣は何なんですか？」とうらやましそうに聞かれることも多い一方で、「他で内定を取れない学生ばかりを採用しているんじゃないの？」なんて言う方もいるようです。

実は、小川珈琲の採用担当者チームは内定辞退を全く怖がってはいません。「内定辞退があっても構わない」というスタンスで動いています。これは、上のポジションの者がそうハッキリと言うことがとても大事で、内定辞退者が出ても責められないことがわかっているからこそより高いところでチャレンジができるのです。そうじゃなくて、内定辞退が出たら上司から叱られるとびくびくしていたら、自信を持った採用活動ができずにかえって内定辞退者を出してしまっていたのではないかと思います。

学生さんは毎年入れ替わります。だから、内定辞退させないための黄金ルールのようなものはありません。ただ、その時々の企業の成長戦略に合わせたターゲティングを行い、その上で狙いを定めた学校への訪問を徹底的に行いました。

学祭を見に行くというのは企業戦略と学生さんとのマッチングを考える上で、かなり効果的な方法の一つです。あちこちの学祭をはしごしては「ここは違うな」「今年はここを狙おう」なんてことを考えます。中途採用は即戦力を求めるものですが、新卒採用は未来を一緒につくる仲間を探すためのものです。どんな分野に営業をかけていくのか、どういうシステムを組もうとしているのか。企業の戦略は毎年変化します。それに合わせてどの大学の学生さんが必要なのかを考えるわけです。偏差値が高い大学の学生さんが、いつでもマッチするというものではありません。〇〇や△△の学生さんならいつでもOKというような話ではないのです。今会社にいる社員たちといっしょに未来を描いてくれる学生さんが必要なのです。

東京での営業に重点を置こうという年がありました。そのときは、地元京都を離れて東京の大学をずいぶん回りました。同じ理由で九州を回った年もありました。これまでの経験上、きちんと狙いを定めていけば間違いなくいい採用ができます。

学祭に行くことの大きなメリットは、学生さんたちの普段の「学生らしい姿」を見ることができるということです。学生文化を実感として知ることもできます。そうやって「よし！　ここの学生を狙おう！」と決めたら、キャリアセンターに足を運んだり、学祭の実行委員に小川珈琲の商品を差し入れしたりもします。京都以外での知名度がそれほど高くなかった頃は、学祭のイベントで「協賛は小川珈琲です」といったアナウンスを入れてくれるように頼んだりもしました。

そんなふうにまずは「良い学生との出会い」を丁寧に探します。この時に注意したいのは「良い」の中身は毎年変わるということです。今年の「良い学生」が来年も「良い学生」であるとは限りません。このことを理解することが、内定辞退者ゼロを続けてきた秘訣のひとつだと思います。

●内定までの物語は「十人十様」

本当なら「百人百様」と言いたいところなんですが、私たち小川珈琲という企業の規模では100人単位の採用をすることはありませんので、ここは正直に「十人十様」にしておきます。別に「五人五様」でもいいし、「二人二様」でも構いません。要は、一人ひとり、内定までの道筋は違うんだということをお伝えしたいのです。

「内定辞退ゼロ」って、確かに不思議なくらいの話です。狙って達成できるものではありません。ただ、私たちの採用活動においては内定を出すときにはもうすでに「運命の出会いだね」くらいにまでお互いの気持ちが深まっています。「内定を出すから、これから仲良くなろうね」という感じではないんです。

最初の出会い、これはほとんどの場合、前述の合同説明会ということになりますが、そのときからずっと「一対一」でその学生さんに向かって語りかけます。対象が十人なら十通りの物語を一緒につくっていくわけです。その過程で、企業は学生を、学生は企業を互いに選んでいくことになります。内定を出す前に、その時間をしっかりと積み重ねます。だから、内定を出すときにはもうすっかり強い信頼と関係性ができあがっています。その結果が長年の内定辞退ゼロにつながっているのでしょう。

「中小企業だから、いい採用ができない」というのは幻想です。そんな呪縛からはすぐさま解放されて自由になってください。中小企業では、大手のように数百人という採用ではないからこそ、丁寧に一人ひとりと向き合ってストーリーを築きあげていくことができるのです。

内定辞退ゼロに関してテクニック的なことをお話するとしたら、「気持ちのタイミングはひとそれぞれ」ということです。内定を出す時期にこだわらないようにしましょう。学生さんによってはすぐに決心ができる人もいれば、迷いに迷うタイプもいます。また、迷い過ぎて結局決められないという人もいるんです。どんな性格タイプなのかを見極めて、それぞれに適したタイミングでこちらの気持ちを伝えなければ失敗してしまいます。

内定の連絡は、必ず直接会いに行って話します。電話やメール、手紙で済ませたりはしません。東京にも博多や佐賀にもこれまで行ってきました。目を見て「一緒に働きたい」と伝えます。結婚のプロポーズと同じようなテンションで向き合うことが重要です。

●「超氷河期」でも採用できる

中小企業の採用担当者は、よくこういうことを言います。

「うちは大企業じゃないから、採用がうまくいかなくてもしょうがない」
「有名企業にはどんなに頑張っても勝てない」
「今年は景気がいいから、中小企業にいい人がまわってくるはずない」

私に言わせれば、そんなの全部嘘っぱちです。ちゃんと自分の頭で考えることをしないでただ口をついて言い訳が出ているだけだと思います。だって、その証拠に、小川珈琲では大卒の採用の見直しを始めた時以来ずっと、人数の多い少ないは企業戦略としてありましたが、予定人数を採用できなかったことは一度もありません。どんな時代にも

「欲しい」と思えるいい学生さんに出会ってきました。これからも間違いなく必ず出会えると何の疑いも不安もなく信じています。

中小企業の採用で一番多い「負け」パターンは、大手企業と天秤にかけられて、最後には持って行ってしまわれるということです。早々と内定を出したのはいいけれど、その後になって「大手の採用が出たから」という理由で内定辞退の嵐！　なんて目に遭っているという話をよく耳にします。

小川珈琲の場合は、最終選考の時期が他社よりとても遅くて内定を出すのも遅いので、このパターンとは逆のことが多いんです。つまり、一流企業や有名企業の内定を持った学生さんが、小川珈琲の最終選考にも参加してくれるということです。

こんな例がありました。博多の女子大学生です。「営業がやりたい！」という、元気溌剌でとても魅力的な学生さんで、小川珈琲としても絶対に欲しい人材でした。でも、彼女はもうすでに東京の大手人材会社M社の内定をとっていました。

「M社の内定が出たので、そちらに決めようと思います」と、彼女。

「なんで？　うち（小川珈琲）ではあかんの？」

「M社では営業の仕事がさせてもらえるし、何よりずっと住んでみたかった東京勤務なんです」

「小川珈琲でも営業できるよ。東京にも営業所あるから、行けるよ」

「でも、バリバリ仕事したいから、M社の方が活躍の場が多そうだから」

「バリバリと華やかな仕事がしたいなら、うちではこういう仕事があるよ。考え方次第で、若くても今の仕事を大きく展開できるし、あなたの手でそうして欲しい。大手と違って転勤も少ないし、じっくり腰を据えて仕事ができるよ。結婚とか出産のことも考えたら、パートナーにとってもそのほうがええんと違う？」


とにかく押しの一手です。だって、どうしても採用したかったから。学生さんは、本当にどの人もとてもピュアな部分を持っています。そこを動かすためには、こちらも一生懸命情熱を傾けて説得する必要があります。

この時は、結局、休みの日に会社に出勤して電話で長々と「最後にもう一回だけ話を聞いてほしい。それまでM社には返事せんといて」って頼み込んだのです。結果として、彼女はM社を断って小川珈琲に入ってくれました。そして、今も活き活きと活躍してくれています。

どの学生さんも、それぞれ「就職するに当たって何を大切にしたいと思っているか」を心に秘めています。給与の額の場合もあれば、勤務地の場合もある。業務内容だったり、世間の評判だったり、知名度だったりすることもあるでしょう。一生働きたいと思っているのか、数年間のつもりかによっても就職先の選び方は変わります。人事担当者は、採用したいと思う学生さんに出会ったら、それを正確に知ろうとすることが重要です。そして、それがわかったら、私はいつもこんな約束をしてきました。

「私の目の黒いうちは、できる限りのことをします」

どうしてそこまで言ってくれるの？　と聞いてくる学生さんにはこう答えました。

「だって、あなたがいるから私は助けられている。あなたが『こうなりたい』って言ってくれるから、こういう会社にしていこうという夢が描けるし、それを社長や社員たちに伝えることもできるんだよ」と。

「子どもを産んでも働きたい」

「恋人と遠距離恋愛になりたくない」

そういう思いや不安をしっかり聞いて、彼ら彼女らに寄り添い共に考え、今すぐ解決できない事は何故できないかをきちんと伝え、解決に向けて尽力する。現場の声、経営者の思い、それらを制度づくりに反映させるように考えるのが人事の役割だと思っているからです。制度というのは、リアルなビジョンとミッションから考えるべきものです。机上の空論で作り上げるものではありません。新しい制度はいつも、人の声から生まれるべきだと思います。

もちろん、制度の整備が追い付かない場合もあります。いつだったか、子どもの預かり手がいなくて困っている母親社員から相談を受けたことがありました。社内制度では、すぐにその事態を解決することができません。そんなときには「いいよ、子どもさん、連れて出社しておいで」なんてこともありました。その時は、社員だけでなく掃除に来てくださっている方までが総出でお子さんの世話をして、何とか切り抜けることができました。

「何がしたいの？」
「何に困ってるの？」

とにかくしっかり聞く。

これは私が中途採用で小川珈琲に転職して来たときにまさに専務がしてくださったことです。今思うと、ずいぶん努力してくださったんだなぁと分かります。でも、そのおかげで私は会社が大好きになって、ずっと楽しく仕事を続けることができました。これから仲間になる学生さんに対しても、同じスタンスで向き合いたいと思っています。

●「採用は、現場で起こっている⁉」

採用の秘訣は、いつも現場にあります。新卒採用の場合の現場というのは、学校のこと。大卒なら大学、高卒なら高校です。大学のキャリアセンターに実際に足を運んで話を聞いたり、学祭に行ってイベントを観たり、普段から大学キャンパスに通って学生さんと話すように努めることが大切です。「学生文化」を知らずして、いい採用はできません。

採用にかける予算は少なくても大丈夫です。結婚と同じで、お金持ちだけがいいパートナーに巡り合えるわけではありません。（…ですよね、結婚も⁈）実際、小川珈琲の採用費用の予算は他社と比較して少ないんです。だからこそ、どこに予算を使うべきかについてはこれまでもずっと考えに考え抜いてきました。

大事なのは、いろんなところにやみくもにお金を使わないということです。募集広告も掲載媒体を絞り込みます。なるべく基本料金プランにします。オプションって案外いらないものですよ。ただ、それには不可欠な条件があって、それが前述した「現場を知っている」ということなのです。

現場に足を運んでいると、たくさんの学生さんに出会うことができます。学生文化も肌身で感じることができます。学生文化の大きな特徴の一つは「口コミ」が盛んだということです。「友達も連れて来てね」「後輩に言っておいてね」「今度、一緒においでよ」と言った声かけがとても有効です。私は冗談で、「売れない演歌歌手みたいに」なんていう表現を使うのですが、まさに「ドサまわり」。足を使って着実にファンを増やそうという作戦です。

地元の京都だけでなく東京へも名古屋へも九州へも出かけるので、交通費はかかります。だけど、使った交通費の何倍もの収穫がいつも確実にありました。ここは、かけるべきお金です。

採用活動の中で一番お金がかかるのが「集客」のための費用なのですが、それを媒体にだけ依存しようと思うとどうしても莫大な費用がかかってしまいます。でも、足を使って現場で直接学生さんと接する機会を増やすことで、どんどん学生さんを集めることができるのです。

ただ、気をつけたいのは、学祭にしてもキャリアセンターにしても「行くだけ」ではダメだということです。ちゃんと目的を設定して、その目的をかなえるためにはどんな話をするべきか、あらかじめストーリーを考えておくことが必要です。キャリアセンターに行って「こんにちは、小川珈琲です。今年も宜しくお願いします」と言うだけでは、あっさり聞き流されて終わりです。

たとえばA大学のキャリアセンターに行くときには、A大学が欲しがっている情報をお土産にします。学祭の実行委員と話すときには、「あっちの大学ではこんなタレントさんが出てたよ」とか「こんな話をしていて、人だかりができていたよ」なんていうお土産話を持っていくのです。そういうことを積み重ねることで、つながりはより強固なものになっていきます。

●経営者の気持ち、わかっていますか？

採用活動においては、経営者の気持ちを十二分に理解し共有して動いているかどうかが成否を決める重要な要素です。とはいえ経営者の方が自ら具体的に「今年はこういう人材をとりたい」とおっしゃることはあまりありません。じゃあ、どうやって経営者の気持ちを読み取ればいいのか？　それは、朝礼などで発せられるメッセージをしっかり受け取って、読み解いていくことです。

「どういう集団を作りたいのか」
「どうやって顧客満足度を高めたいのか」

それをきちんと理解した上で採用活動に取り組むことが大切です。それが欠けると、採用によって会社をよりよくするはずが悪くしてしまうなんてことが起こってしまいます。人を採用するというのはそれくらいの「大事（おおごと）」であることを担当者は肝に銘じておく必要があります。

経営者は、始終、経営のことを考えています。少しでもいい会社に成長させて、社員を幸せにしたい。取引先に貢献したい。もちろんお客様を喜ばせたい。そういう経営者の思いを「この人なら一緒に苦労して具現化してくれる」、そう信じられる人を採用できない状況では、経営というのは本当に「しんどいばっかり」だと思います。人事は、経営者の思いをしっかりと受け止めなければなりません。

小川珈琲の場合は、経営者の思いはこの言葉に集約されます。

「思いやりあふれる集団をつくりたい」

すべての採用活動は、この思いが基準になります。大学の偏差値やブランドではありません。それについては本当に徹底してやってきました。

そのおかげで…、と私たちは自負していますが、小川珈琲は不祥事とは無縁です。破廉恥な事件も、社員の自殺も、深刻なもめごともこれまで一度も起こっていません。

思いやりという言葉は、まるで小学校の教室に貼られる標語のようで、なんとなく稚拙なイメージがあるかもしれませんが、決してそんなことはありません。とても素晴らしい意味を持つ言葉です。思いやりがあると「気づく」ことができます。つまり、思いやりがあるというのは他者への関心があり、それが深くて温かいということです。そんな人たちばかりの集団を企業として作りたいという経営者と同じ方向を向いて、それを採用活動中に学生さんに伝え続けます。

経営者の気持ちをしっかり受け止めることが人事の仕事だと私が思うようになったのは、実は小さなエピソードがあったからです。小川珈琲に転職をしてきてまだ日が浅い頃に、専務（現社長）の運転する車に乗って取引先様の告別式に伺ったことがあります。いつもとは違う状況と空間だったからでしょうか、会社内でかわすのとは少し違う会話が生まれました。

「いろんなことを考えると、寝られへん日があるわ」と、専務。

いつもポーカーフェイスの方なので、私はびっくりして「ええ？ そんなん、うそでしょう？」と茶化してしまったのです。いつもならそういう時には専務も「茶化し返し」して笑って終わるパターンなのですが、その時は前を向いたままこう呟かれました。

「あるわ。俺かって…」

そのとき、いつも笑顔を絶やさない穏やかなお人柄の裏で専務がどれほど悩みを抱えていらっしゃるのかが実感としてわかったのです。経営者って、とても辛いんだなと思いました。それでも普段は一切顔にも態度にも見せない。「すごい、このひと」と思いました。

この時の経験があったことで、経営者の気持ちをできるだけくみ取りたいと真剣に考えるようになりました。経営者の立場にないものが経営者の気持ちをおもんばかるというのはとても難しいことです。でも、大事なのは「くみ取ろう」と思う気持ちです。「経営者の気持ち？　そんなん、知らんわ！」と思ってしまうと、そこで終わってしまいます。

●選ばれるから、選ぶことができる

採用とは企業が学生を「選ぶ」ことだと思っていませんか？　そんな気持ちがほんの少しでもある間は、本当の意味で会社を成長させるような良い採用はできません。就職活動において、最初に「選ぶ」のは学生さんの側です。その認識を間違ったまま先に進むのはとても危険です。公式を間違って覚えたまま数学の問題を解くようなものです。正しい答えには決してたどり着けません。

採用においては、まず、私たち企業側が学生さんから選ばれなければなりません。多くの企業の中から選ばれて、選ばれて、選ばれて…、最後にやっと「選ぶ」ときがやっできます。「この人とならいい仕事ができそうだな」と思える人を、その時点でようやく選ぶのです。最初は選んでもらう。これが採用活動の「公式」の基本形です。

ここで気をつけたいのは、選ばれたいからといって無理な背伸びをしてはいけません。いい恰好をしてはいけません。会社のいいところを見てもらうのはもちろんですが、できていないところ、他に負けているところも隠さずに全部見せてしまいましょう。そうでないと、あとが大変。結局お互いが「しんどい」思いをすることになります。仕事の内容も、人間関係の苦労も、丸ごと見せるんです。だって、入社してもらった場合は、これから長い時間にわたって苦労を共にするわけですから。全部見せて「どうぞ選んでね」というのが正解です。

ところがたいていの人事担当者はそうできないのです。学生さんとの面接では「それで君は何ができるの?」なんてエラソーに、自慢できることがあったら言ってみろ！とでもいわんばかりの態度です。すっかり「選んでやる」気が満々なんですね。時折そんな面接をしている場面に遭遇すると「あーあ」とため息が出ます。

小川珈琲では、一番最後に一回だけ「面接」をします。それまでは、ずっと「面談」。単に言葉を言い換えているだけではありません。なんらかのジャッジをするのは最後の面接のときだけ、それまでは学生さんとお話を重ねたいという気持ちの表れです。上からの目線じゃなくて、同じ目線で、同じフィールドに立ってお互いを知りたい。それが、面談です。

私たちも学生さんのことを知りたいわけですが、当然学生さん側も企業のことを知りたがっています。そのためには、合同説明会などでの質問時間はとても重要です。小川珈琲の説明会での質問時間は他社に比べてかなり長いことで有名なのですが、その理由がまさにここにあります。

「丸一日質問デー」というのもあります。「もしも小川珈琲で働いたとしたら」という仮定の下に、聞きたいことを全部聞いてもらうという企画です。社内のほぼすべての部署の社員が参加して、学生さんからの質問に答えます。当日参加できない場合は、事前に文書で回答をもらってそれを発表するのです。学生さんの方でも不安が解消できる、具体的に仕事の内容がわかるなどのメリットがありますし、企業の方にも「学生さんはこんなことが気になっているんだな」ということがわかったり、改めて社内を見つめ直すいい機会になったりもします。

キャリアセンターとの上手な付き合い方

大学のキャリアセンターに伺う時には必ず「お土産」を、という話は前述しました。お土産というのは実際におまんじゅうを持っていくということではなくて、「相手にとって役に立つ情報」のことです。

窓口はいつも開いているとはいうものの、社会人同士のマナーとして、やはりアポイントはあらかじめ取ってから訪問した方がいいと思います。一回きりではなくて、この大学の学生さんを採用したいと思う場合には、毎月のように足しげく通うということを私は続けてきました。

お土産話というのは、たとえばこんなことです。

前年に学生さんを採用した実績のある大学のキャリアセンターを訪れるときには、その学生さんが入社後どんな成長をしたのかについて具体例を交えて報告します。こんな仕事をしている、担当業務はどういうことで、取引先からの評価はこんなふうですよ、といった具合に卒業生の活躍がイメージできるようにお話しします。そうすると、キャリアセンターの担当者は、説明会などの折に保護者や学生さんに「卒業生の活躍」話をすることもできるわけです。

時には、卒業生が活躍しているという話をしても「えっ？　あの子が、本当に？」なんていう反応もあります。そんな時は、次の機会には実際に連れて行ったりもします。「こんど、母校の大学に報告に行こうよ」と声をかけると、「じゃあ、カレンダー持っていきましょうか」なんて気を利かせてくれて、大学の方が「そんなことができるようになったのか」と、驚きつつ喜んでくださったこともありました。

そんな交流を続けているからこそ、いつでも安定して学生さんが採用できるのです。どんなに好景気な時でも、採用超氷河期でも、私たちは変わらず「良い採用」ができています。

●社員が残念な理由で小川珈琲を辞めないのは

私自身が、転職して入社してしばらくの間は毎日のように「辞めたい、辞めたい」と思っていたことを、今ではとても懐かしく思い出します。

当時、ノートを開いて左側に小川珈琲の「好きなところ」、右側に「嫌いなところ」を書き出してみたことがあります。そうしたら、好きなところなんてほんの少しで、嫌いなところはいくらでも書けちゃう。パッと見ただけで、圧倒的に「嫌い」が優勢だったんです。だから、専務の顔を見るたびに「辞めたい」って、つい訴えてしまうような毎日でした。

でも、とにかく専務が優しかった。まだ幼かった子供が家で待っていることを気遣って、ケーキをお土産に持たせてくださったり、オフィスで疲れた顔をしているのに気づいたときには外出の用事を作ってくださったり。時には「もう今日はそのまま帰っていいよ」なんてこっそり耳打ちしてもらったこともありました。この会社を辞めたら専務との縁も切れてしまう。それはとても残念だなと思って、自分自身でもなんとか気持ちを立て直すべく努力を始めました。

最初にやったのは、子供だましみたいなことなのですが「好きなところ」「嫌いなところ」のノートの文字を、好きな方は大きく、嫌いな方は小さく書いてみることでした。好きの欄には「専務」と「コーヒー」。それだけです。でも、思いっきり大きく書きました。嫌いの欄には、たとえばこんなことを小さく小さく書きました。

・挨拶したのに無視された
・社員が誰も話しかけてくれない
・理不尽な事で工場の主任にいつも叱られる

小さい字で書き出してみると、あれ、なんだか不思議なことに「小さく」思えてくるのです。え？　私、こんなことに悩んでたの？　こんなことで辞めたいの？って。

次第に「たいしたことないやん。どうでもええわー」って気持ちになっていきました。

結局、原因は外にあるのではなくて私自身のエゴやわがままにあったことも見えてきたのです。

そうこうしているうちに、専務以外の味方が一人増えました。その頃初めて導入してみた社員研修が社内ではとても評判が悪くて「時間とお金の無駄だ」「そんなんいらん」などと非難を受けていたのですが、ある時一枚のはがきが届きました。そこにはこう書かれていたんです。

「いろいろ言う人がいるけど、僕は応援しています」

自分の上司が反対しているから、みんなの前ではそれに異を唱えることはできない。でも、内心ではとても期待していることを伝えたかったということでした。この時の嬉しさは今でも忘れたことはありません。私、まだまだがんばれるな、と思いました。こう言ってくれる人を一人ずつ増やしていこう。そう決めたのです。

この時の体験のおかげもあって、現在の小川珈琲では仲間を孤独にさせないようにと皆が思う風土が醸成されています。だから、残念な辞め方をする社員はいません。いろんな事情で辞める人は当然いるのですが、辞める理由がかつてとは全く違います。わかりやすく言うと、辞めてからもずっと小川珈琲のファンで居続けてくれるということです。

辞めた後も手紙をくれたり遊びに来てくれたり、転職先の職場で小川珈琲とのジョイントイベントを企画してくれたり、いろんな人を紹介してくれたりと「卒業」した社員たちと今もしっかりとつながっています。大切なのは、当然ながら小川珈琲だけが世界のすべてではないということです。別の世界には別の価値観があります。視野を広く持って社会に貢献できる人材を小川珈琲は育てているという自負があるので、「飛び出して違う世界を見てみたい」という相談を受けた時はいつも、ここまでしっかり育てたんだから、と気持ちよく送り出してあげることにしています。

第三章　心づくしの採用活動

●社会人のアタマでは学生のココロを理解できない

企業の採用担当者がやってしまいがちなミスの一つに「社会人のアタマ」で学生をジャッジしてしまうということがあります。不思議なことに、去年まで学生だったのに、というような新社会人であっても、会社員になったとたん学生のココロをすっかり忘れてしまうということが多いのです。

それくらい、社会に馴染もうとしていることの表れでもあるのでそのこと自体を否定する気持ちはありません。がんばっているんだなぁとしみじみ思います。

良い採用をするためには、学生さんたちと「上から」ではなく、もちろん「下から」でもなく、真正面から対等に向き合う必要があります。その時に絶対に持っていたいのが「学生のココロ」に対する理解です。そうじゃないと、学生さんたちとホンモノの会話ができません。

そのために私がずっと行ってきたのが「学生モニター」を持つことです。募集方法は、直接声をかける！　の一本です。大学のキャンパスや食堂で、あるいは喫茶店や居酒屋でアルバイトしている学生さんにこんな風に話しかけます。

「私、小川珈琲という会社で人事を担当している原田です。学生さんのこと知りたいから、モニターになってくれませんか？」

お礼のお金は払えないけど、ご飯などをごちそうします。時にはカラオケなどに連れて行くことも。気楽にご飯を食べながらいろんなことを教えてもらいます。

「今、どんなことが流行っているの？」
「バイトでどんなことしてるのん？」
「どんな大人が、見ててイヤやなぁって思う？」
「バイトで困ってることってある？」

楽しいことも悩み事も、案外素直に話してくれます。友達でもなく、家族でもなく、不思議な距離感にある大人という存在は彼らにとってもとても珍しいのかいろんな質問もされました。そういう会話の中から、まさにイマドキの学生文化をリアルに感じることができるのです。

社会人を何年もやっていると、つい私たちは「今の若者は…」と、自分の尺度から非難してしまいがちですが、まずは彼らの文化をまるごと認めてあげることが良い採用をするためにはとても大切なことだと思います。説明会や面談の時だけ付け焼刃でわかったふりをしても、それは学生に見抜かれて、そっぽを向かれてしまいます。

学生モニターの選び方についても私なりの見方があります。友達がたくさんいること。明るい人柄であること。気が利くこと。声をかけるまでに少し観察すれば、すぐに判断がつきます。特に飲食店でアルバイトしている学生さんは、その立ち居振る舞いやお客様とのやりとりを見れば一目瞭然です。

社内では、よく、「原田さん、またナンパしたはるわ」なんて、よくからかわれました。「しかもいつもイケメンとべっぴんさんやね」って。実際、頭もよくて輝いている学生さんたちというのはなぜかみんなイケメンであり、べっぴんさんだったのです。心の充実ぶりや頭の良さ、性格は思った以上に外見に現れるようです。

「若い子の気持ちなんてわかるわけない」と考えている大人も多いのですが、年齢がかけ離れてしまったから理解できないというのは言い訳だと思います。わからないのは、わかりたいという努力をしなくなったから。知ろうと思わないと、どんなことだって知らないままです。

●フルネームで呼びかけよう

採用活動をしている中で学生さんと初めて顔を合わせる際には、必ずフルネームで名前を呼び掛けるようにしています。合同説明会の受付のそばにさりげなく立っていて、「こんにちは。履歴書をお出しになってお待ちくださいね」と声をかけます。そして、その履歴書を見ながら、

「○○大学の○○○○（フルネーム）さんですね」とまず呼び掛けて、そのあと、さらに名前の漢字や由来について一人ひとりと会話を重ねます。

そもそも、私たち小川珈琲の採用活動ではいつも学生さんたちに対して「あなたたち（ｙｏｕ　ａｌｌ）」ではなく「あなた（ｙｏｕ）」に向かって語るということを大切にしています。

「皆さん、こんにちは」と挨拶はしながらも、気持ちの上では「あなた」と「あなた」と「あなた」と…という気持ちです。参加者が１００人いたとしても、みんなまとめて１００人の集合体と思うのではなく、「一人」の集合としての１００人だととらえているわけです。

それで何が変わるのか？　これは、本気でやってみたことがないと理解できないと思いますが、全く違います。これをやるとやらないのでは、伝わり方が大違いなんです。たった一人の「あなた」に向かって話すと思うと、言葉も態度も丁寧になります。集団ではなく目の前の「人」が聞いてくれていると思うから、伝えることに一生懸命になれるのです。30分の説明時間をただこなせばいいという考えではなく、いかに伝えるべきかに話す側も必死で励むようになります。

自画自賛のようで恥ずかしいのですが、小川珈琲の説明会がいつも行列ができるほどの大盛況なのは、このことも大きな理由の一つだと思います。参加してくださった学生さんたちがSNSなどで「小川珈琲の説明会、なんか気持ちよかった!」「楽しかった!」なんて拡散してくださっているようです。

入社した後にも、「最初の説明会の時にフルネームで呼んでもらって嬉しかった」という声をよく聞きます。というのも、名字だけならまだしも「次は6番から10番の人」だなんて番号で呼ばれることも多いそうなのです。そんなふうに学生さんを扱っていながらどんなに立派なことを話しても、そんな言葉は絶対に相手の胸には届きません。

●説明会の合言葉は「元気をチャージ!」

さて、そろそろ小川珈琲の誇る「行列のできる」大人気の合同説明会運営に関する具体的なノウハウを皆さんにもお教えしていきたいと思います。ただ、ノウハウを形だけ真似をすることにはあまり意味がありません。ここまで読んでいただいた方ならお分か

会社説明会での行列。

りだと思いますが、ベースにある想いがまずはとても重要です。

小川珈琲の合同説明会には合言葉があります。それは、「元気をチャージ！」です。参加してくれた学生さんたちに元気になって帰ってもらうということを目標にしています。

だって、就職活動というのは「とてもしんどい」ものなのです。ずっと学生としてのびのび自由に過ごしてきたのに、シューカツが始まったとたんに服装はスーツ、靴もカチッとした履きなれないビジネスシューズ、女性だったらいまだに会社訪問時にはローヒールのパンプスが求められることが多いようです。パソコンから手軽にインターネットで会社説明会にエントリーができるようになったのは一見楽そうに思えますが、たくさん登録すれば返信もその分多くなるわけで、しかもその大半が「残念ながら」で始まるような、いわゆるお祈りメールだったりしたら若者のココロはしょげかえってしまいます。それは、当然です。

それでもがんばって説明会に足を運んでくれた学生さんたちです。「せめて元気になって帰ってね」と思わずにはいられません。

実際、これは自慢の一つなのですが、小川珈琲の説明会から帰る学生さんたちは皆さん一様に明るい表情です。他社の人事担当者からも何度もそう言われて驚かれたことがあるので、客観的にもそう見えているようです。

その仕掛けの一つが「ウェルカム・ミュージック」です。これは、おなじものを使いまわすのではなく毎回もっともふさわしいと思うものを選んで流しています。

私は一週間に一度、その週のエントリーシート全てにしっかり目を通します。ここで最も大切な事はその年の母集団をきちんと知っておく事です。応募者の都道府県のバラツキや偏差値、資格の種類や志望動機等その時の学生さんの特徴をしっかり掴みます。

その上で、どんな曲を選ぶかというと、たとえばその年に話題になったテーマから考えることもあれば、話題の人の演奏を選ぶこともあります。

参考までに、これまでに使用したウェルカム・ミュージックとその際の締めの言葉を一つ紹介しましょう。

＊アナと雪の女王

この物語はアナとエルサという仲の良い姉妹が魔法によって引き裂かれてしまいますが、周囲の愛のおかげでたくさんの学びをします。

皆さんもきっと今まで多くの方の愛を受けて学びも多くあったことでしょう。まずは愛を注いでもらった事に感謝をして、アナと雪の女王のように「ありのまま」の自分で、自分を好きになって、自分を信じて、自信を持って就職活動を進めて下さい。

この映画の中では氷の結晶や粉吹雪のシーンがたくさんありました。そしてこれらのシーンで描かれた雪の粒や氷の結晶は一粒一粒形が違うそうです。ここにいらっしゃる皆さんも誰一人として同じ人はいらっしゃいません。

私達小川珈琲は、個性というものをとても大切にしています。この規模だからこそ、社長がいつも個性を大切にとメッセージを送って下さるからこそ創り上げられた社風です。

会社選びはとても大切な人生の起点です。制度が整っている事や、お給料が高い事も大切でしょう。でも、何より皆さんの個性を大事に育てようという思いを持った企業を選ぶべきではないでしょうか。

明るい未来を描いて会社と共に成長できる出会いがあることを祈念して説明会を終わります。

前述のように、締めの言葉では励ますこともあれば、時には喝を入れることもあります。「売り手市場だからといって何とかなるなんて思っていたら大間違い」と、厳しいことも言います。もっと元気になって、もっと活き活きして、この先の就職活動を乗り越えて欲しいからです。あきらめないで、投げ出さないで。祈りをこめて、言葉を結びます。

私の最後のスピーチが終わると、泣き出す学生さんもちらほらいます。そのあと拍手がわきおこることもあります。ああ、みんな、とても就活をがんばっていて、しんどい思いもしているんだなぁというのがよくわかります。小川珈琲の説明会に参加することで、それが少しでも癒されるように、そして心の中にプラスのエネルギーが増えますようにといつも願いながら心を込めてお話をしています。

スピーチ原稿は、作りません。その時々の学生さんたちを見ながら話すことを変えたいからです。男女比、場所、大学のレベル、そして何より学生さんの人物像によって話の内容を変えるのは当然のことだと思います。紋切り型のスピーチを読み上げるだけでは、伝えたいことは伝わりません。

●すべての学生には「親」がいる

採用活動で学生さんと関わるときに、絶対に忘れてはならないのが彼らの親御さんの存在です。生まれてから20数年、大事に大事に見守り手をかけて育てたご両親がどの学生さんにもいらっしゃいます。

採用する側の私たちもそのことを忘れてはいけませんが、私は説明会では学生さんにも「育ててもらってありがとうだよね」というような話をします。フルネームで名前を呼ぶときには、名前には親御さんの思いがいっぱい詰まってるね、なんてことも話します。

「ありがとう」という言葉は、人を優しくしてくれます。どんな顔立ちの人でも「ありがとう」と言っているときはとても優しくて感じのいい表情になります。親への感謝は、歳をとってから、特に自分が親になると強く感じるものですが、就職活動のタイミングで気づいてもらえるといいなと思うのです。就活で疲れてイライラしている学生さん本人も「ありがとう」という言葉を口にすることで優しい気持ちになれるし、それを聞いた親御さんが喜んでくれることがきっと新たなパワーにつながるはずです。

内定が決まったら、学生の親御さんに自筆のお手紙を出します。たとえばこんな文面です。

謹啓
新緑の候、時下ますますご清祥のこととお慶び申し上げます。

さて、この度は当社の新卒採用選考に御令嬢様（ご子息様）がご応募下さり内定の運びとなりました事をご報告させて頂きますとともに、ご承諾いただきました事御礼申し上げます。

弊社社業発展のためには、御令嬢様（御子息様）のお力が是非とも必要であり、将来大いにご活躍いただくよう期待している次第でございます。

ご入社していただきましたら、誠心誠意、力を尽くして御令嬢様（御子息様）のご活躍の支援をさせていただく所存でございます。

今後とも何卒宜しくお願い申し上げます。

謹白

以前ほどではないにしても、やっぱり親御さんによっては「せっかく大学まで出したのに喫茶店の会社に就職するなんて…」と不安を感じる方もいらっしゃいます。学生を迎える企業側は、大事なお嬢さんをお嫁にいただくような気持ちで迎え入れる気持ちが大切です。

内定が決まった学生さんのご両親とのやりとりの中で、今でも忘れられない嬉しいエピソードがあります。彼は東北の出身だったので、親御さんがその地方の名産品であるさくらんぼを送って来てくださったのです。お礼のお手紙をすぐに出すと同時に、到着を早く知らせたくて電話もかけることにしました。

「小川珈琲の原田です」と電話口で話すと、先方はどうやら彼のおじいちゃん。

「小川珈琲さん！　このたびは孫が採用していただけるそうで…」と、丁寧にお礼をおっしゃってくださいます。

「こちらこそ、とても優秀な学生さんで、入社してもらえるのが嬉しいです」とこちらも丁寧にお返事をしたら、おじいちゃんが続けてこうおっしゃったのです。

「わしは、コーヒーはこれまであんまりいいもんは飲んだことないんだけど、お母さんが孫が小川珈琲で内定もらったよって言って、コーヒーを買ってきてくれてね。原田さん、わしが今までに飲んだコーヒーの中で一番うまいコーヒーでした。生きててよかったと思いました」

こうやって書いていても、この時のおじいちゃんのお国訛りのある言葉を思い出すと涙がじわっとにじみます。それほど嬉しい出来事でした。

他にも、学生さんや社員の親御さんとのエピソードは尽きません。会社まで会いに来てくださるお母さんなどもいらっしゃるのですが、皆さんがそろって「初めて会った気がしません」とおっしゃるのです。親に会社のことを話してくれているんだなと思ってとても嬉しいと同時に「大切に預かって育てよう」と、改めて強く思います。親って本当にありがたいですね。

●いつでもどこでもファンづくり

中小企業の人事担当者は、採用活動をしている中で何度も「ああ、もっと有名だったら話が早いのに」「もうちょっと知名度があったら、最初の壁は低くて済むのになぁ」っ

会社の説明を行う著者。

て思うものです。テレビコマーシャルなどをバンバン流している会社と比べれば、やはり圧倒的に知名度では負けてしまいます。家庭用レギュラーコーヒー市場で4番手であり、家庭用有機コーヒーではトップシェアを保持していても、地域によっては「小川珈琲？　そんなん聞いたことないわ」とバッサリ斬られちゃうこともあるのです。

だからといって中小企業の宣伝広告費の予算でできることは限られています。どうやったって、大手有名企業に規模では勝てるわけがありません。だけど、中小企業ならではのファンづくりならできるんじゃないか？　そう考えて私が普段行っている笑っちゃうくらい地道な活動のこともお話ししたいと思います。実は、ありとあらゆる場所で、チャンスを見つけて「小川珈琲」を猛烈アピールしているのです。

たとえば、スーパーマーケットで。食品コーナーでは試飲・試食販売をよくやっていますよね。そういうのを見かけたら必ず近寄って話しかけます。

「おつかれさまですね。私も実は若い頃、やってたんですよ」

販売員の多くはアルバイトの学生さん、あるいはパートの主婦です。話しかけると嬉しそうに対応してくれます。

「私がやってたのは小川珈琲なんだけど、知ってはる?」

「このスーパーにも小川珈琲の商品、置いてくれたはるから見てみてね」

なんて、ちゃっかり宣伝をするのです。もちろん試食販売の売り上げにも協力します。


知らない街に出かけたら、必ず地元のスーパーマーケットに立ち寄って、小川珈琲の商品があるかどうかを確認します。あった場合は、購入。なかったら、店員さんに「小川珈琲のコーヒー、置いてはりますか?」と尋ねて「おいしくてお気に入りなんです」なんて言ったりもします。次にそのお店に言ったら、入荷されてた! なんて嬉しいこともたまにはあります。

●採用は、毎年続けることに意義がある!

人事の仕事をしている者にとっては当たり前のことですが、そうじゃない人はほとんど知らないことに「採用・教育はお金がかかる」ということがあります。そうなんです。

人を一人採用して育てるということに、企業は莫大なお金を注いでいます。

だから、ちょっと景気が悪くなったり会社の業績が悪くなったりすると、その年は採用を見合わせてしまうなんてことが起こるわけです。これが一斉に起こると「就職氷河期」と呼ばれることになります。

小川珈琲でも、私が人事を担当してきた25年の間には何度か「今年は採用しない」という判断が役員会議で下されたことがありました。上司が申し訳なさそうにこう言ってきたのです。

「原田君、悪いけどな、今年は新入社員、とらへんことになった」

私はそのたびに「絶対NO‼」を言い通してきました。役員に直談判です。「それは絶対にダメです！」

「そう言うけど、もっと大きな会社でも、今年はとらへんらしいで」と役員。「それに、もう決まったことや〜、今年はあきらめて」と。

いいえ、あきらめるわけにはいきません。中小企業だからこそ、毎年継続して採用することに意義があるのです。「一人でもいいから、採用したい」と訴えて、ついに臨時役員会を開いてもらうことになりました。

「絶対に採りたい、いい子がいるんです」と、私。

「役員会で決まったことをひっくり返すつもりか！」と怒りのあまり頭から湯気を出しそうな役員たち。

「お願いですから、一回会ってみてください」と拝み倒して、渋々ながらＯＫの返事をもらうことに成功しました。

そのときの学生さんは結果として入社に至り、営業部に配属されて2年後には優秀セールスマン賞を受賞しました。彼女も入社までの経緯を知っていたから、すごく努力して成果を出してくれたのだと思います。

新卒社員の継続採用がなぜ大事なのか？

それは、新入社員は社内に吹く新しい風だからです。新しい文化が外から入ってくることで社内はぐっと引き締まります。また、人を育てるということを通じて、社員も大きく成長します。

小川珈琲でもよくあることですが、中小企業の場合は「今年の採用は一人だけ」ということがありますよね。それでもいいんです。たとえ一人でも0（ゼロ）よりはずっといい。途切れさせないということが大事なんです。一人採用の際には、入って来た新入社員へのケアはいつもの年以上に丁寧に行いましょう。ここは人事がきっちり寄り添ってあげなければなりません。

第四章　奇跡が起こった！小川珈琲の採用の現場より

●会社説明会は会社の説明をする場ではない!?

説明会で大事なのは、会社について知ってもらうことではありません。特に、資料やHPを見れば書いてあるような情報はわざわざ説明会の場で話すことではありません。そんな時間はもったいない。学生さんにとっても「読めばわかる」情報を静かに聞かなければならないというのは苦痛以外の何物でもないでしょう。「なんだかつまんない会社だな」と思われてしまいます。

じゃあ、何を知ってもらうのか？

それは、会社の体現するイメージです。どんな人たちがどんなふうに仕事をしているのか。どんなことを感じて、どんなことに喜びを感じて日々の仕事をしているのか。あるいは、どんなことが大変で、どんなことに苦しんでいるのかなどの負のイメージについても隠さずにオープンにします。

テクニック的なことで言えば、難しい言葉は使わずに、楽しく明るく前向きの言葉で話すことも大切です。ボディランゲージは大きめに。学生さんたちの表情が固いようだったら、まずは笑ってもらえるような話から入りましょう。そんなに都合よく面白い話が思いつかないよなんていう場合は、コーヒールンバを歌ってコーヒーの歴史を聞いて下さい！　なんて始めた事もありましたが、ずいぶん場が和みました。

声の出し方にもコツがあります。大きな声は意外と耳に届きません。それよりは、小さな声で、ほんのり「エロス」の要素を入れてみてください。ハキハキしゃべるより、ヒソヒソがおススメです。そして、「あなただけ」に向かって話していますよという温かい視線。やさしい表情。これで、かなり学生さんたちの意識を惹きつけられると思います。

そして常に、心の中には「どうぞ選んでください」という気持ちを持って話します。「皆さん、一生懸命就活しているんですよね。自分にふさわしい会社を探しているんですよね。小川珈琲はどうですか？　選んでもらえたら嬉しいなぁ」と。

ここで、小川珈琲が採用担当者に伝えるテクニカルスキルをご紹介しましょう。題して**「応募意欲を高める会社説明会」**です。

小川珈琲の会社説明会の様子。

「良い会社説明会とは」

①内容のわかりやすさ

・理屈じゃなく学生さんがイメージを掴めるように

・原稿の棒読み、何がいいたいのかわからないのはダメ

②明るい将来展望が描ける

・前向きな言葉や力強さが感じられる

③信頼を抱かせる姿勢（ラポールを形成する）

・学生さんに真摯に向き合う

④参加学生の意欲を刺激する

・学生さんの強みと求める人物像をマッチさせる

⑤学生文化を知る

・日常使っている言葉や行動を知る

・本質的に社会人とは違うと認識する

「説明は不要、感動が大切」

①ノリは営業で
・意識せずに会社をアピールする
②思いを伝える
・説明だけでは心は動かない
③表情は豊かに
・無表情、笑ってばかり、厳しい顔ばかりはどれもダメ

「会社の顔が見える」

①顔とはホンネという意味。うわべでの話には感動が無い
②時に訴えることが大切。人は理屈で動くのではなく、気持ちで動く
・心からの声に人は感動する。会社を愛している人と学生は一緒に仕事がしたい

「会社のヤル気が伝わる」

①閉塞感が漂う説明会はダメ
②企業側がヤル気にならないと会場は盛り上がらない
③「明るく元気は」大切なポイント

「仕事の中身が見える」

①小川珈琲の価値観を伝える
②会社説明会であってJOBフェアではない
③どういう仕事をどのようにやるのか
④その仕事の面白さは
⑤その仕事のつらさは
⑥その仕事を覚えるとその先は

「ありのままを率直に」

①度胸いるけど建設的に話す

・完璧じゃないから一緒に頑張っていこう

②どんな質問にも受けて立つ

・ごまかさない、筋が通っていれば良い

・真摯でいると荒波でもついていこうと思うもの

・勇気と感動は通じるものがある

・悩みや苦しみそして喜びも率直に、志一つ

・それでも仕事はおもしろいと最後に言えばＯＫ

・感動と共に後味が大切

「情報をとる」

①企業センサーの勝負
・休憩や出口調査の重要性を認識する
・興味関心を知る
・用語の違いを知る
・概念と知能を観る
・理解のレベルを知る
②明らかな不適格者を省く
③バリエーション（本質）でタイプを分ける。（コーチングでよく言われるタイプで見てもいいでしょう。）

いかがですか？　皆さんの会社との違いはありますか？

●他社からの見学もウェルカム

小川珈琲の説明会には、いつも他社の人事担当者さんがたくさん見学にいらっしゃいます。そう聞くと、え？　ライバル企業に見せちゃうの？　と驚く人も多いのですが、私たちはそういうふうには考えていません。学生さんのみならず、企業の人達にも私達の会社を知って欲しいと思っています。もしもバッティングした場合に「小川珈琲なら仕方ないなあ」と思っていただけたら嬉しく思います。

合同説明会というのは、学生さんたちにとっては就職活動の最初のステージです。これからいろんな説明会に出て、どんな会社に入りたいかを考えるための最初の一歩なのです。だから、いい体験をしてもらいたい。小川珈琲だけでなく、すべての説明会が学生たちにとって意義のあるものであってほしいと思います。

「小川珈琲に来て欲しい」というよりは、「自分にとってのいい会社を選んでね」という気持ちです。人生の一大事ですから、一生懸命考えて欲しい。考えるための材料をしっかり見せるのが企業側の責務だと考えています。学生さんが必死で考えて出した答えが、もしかすると小川珈琲かもしれないし、そうでないかもしれない。それは気にしません。

説明会で話すのは、データからは見えないことです。私がいつも話すのは「どういうふうに考えたら仕事が楽しくなるか?」という話です。だって、仕事は辛いからね、と正直に話すんです。辛いんだけど、逃げないで楽しくやる方法を考えるの。仕事を通して社会の要求を満たすと辛さを乗り越えて喜びにつながるよ。そんなことを話します。きれいごとは言いません。私の話には嘘やごまかしは一切ありません。私と学生は「人と人」の付き合いです。こちらがまず真摯でないと、相手も心を開いて見せてはくれません。うまい話で丸め込んでやろうなんていうのは、絶対にバレちゃいます。

中小企業ですから、大手企業に比べるとできていないことも多いんです。そういうことも正直に伝えます。できないことはできない。無い袖は振れない。今は、風通しの悪い部署もある、なんてことまで言っちゃいます。「でもね、もっとよくしたいと思ってこんな努力をしています。会社をもっとよくしていくためにあなたたちの力が必要なんです」と訴えるんです。

どの会社も人事の採用担当者には「感じのいい」「明るい」「優しそうな」人を揃えます。そりゃあそうです。学生さんにとっての最初の企業との窓口なのですから、感じがいいと思われないと先に進めません。ただ、そのせいで、よくあるのが入社後のトラブルなのです。新入社員が配属先で直属の上司の仏頂面にがっかりして、ショックを受けてしまうなんてことがよく起こります。

「原田さんに憧れて入ったのに…」なんて言ってもらえるのは個人的にはとても嬉しいのですが、人事部長としては困りものです。

だから、最近では説明会でこんな風に話して予防線をはります。「人事だけを見て入社を決めないでね。社員にはいろんな人がいるからね。取っ付きにくい人や、人見知りであまり話をしてくれない人もいるからね」って。

●爆笑！　わが社のジャイアン伝

たとえばこんな話をします。

「わが社には、私がジャイアンと呼んでいる人がいるんです」

学生さんたちはみんな興味深そうに続きを待っています。

この方はまさにドラえもんのマンガに出てくるジャイアンそっくり。威圧感があって、人に厳しい。言葉もなぜかいつも怒り口調。そのせいか、部下からはとても怖がられています。

でもね、ごくたまに見せてくれる笑顔はとても素敵なんです。だから、「笑ってると素敵なのに、もったいないですよ」って言ったことがあります。それでも、まだまだムスッとしています。他にほめるところはないかしら？って探して、眼鏡をほめてみることにしました。

「眼鏡、似合ってますね」

そうしたらますますムスッとして「老眼だよ！」って怒るんだけど、すかさず私はこう返しました。「老眼鏡が似合う人って珍しいですよ。さすがですね！」

何もそこまでしなくてもと思うかもしれないけど、打ち解けて話したいと思ったらやっぱりまずは上機嫌になってもらうことが大事なんです。間にある壁を崩すには、いつも、ほめ言葉が効果的です。

少し相手の心がほぐれてきたところで、「もうすぐ新入社員が入ってきます。不安でいっぱいでしょうから、できるだけ笑顔で温かく迎えてやって下さい」とお願いします。

仏頂面なのも、別に好きでそうしているわけではないはずです。だから、率直に聞いてみました。「どうしてそんなに仏頂面したはるんですか?」

そうしたら、教えてもらえました。「大変なんや、仕事の遅い部下を持つとな」なんて理由があることを。私も「それはわかります!」なんて同調してお互いに悩み相談をしあって、気が付いたら応接室に2時間ばかりこもっていたこともありました。そうやって少しずつジャイアンとの距離を縮め、しずかちゃんとジャイアンのようにいつしか私のいうことに耳を傾けてくれる関係に。

こういう話を説明会で赤裸々にお話すると、会場は大爆笑。会社に対して持っていた堅苦しいイメージが取っ払われて、「楽しい」って思ってもらえるようです。あなたの会社にもジャイアンはいませんか? いたら、ラッキー! 次の説明会から、ぜひネタにしちゃいましょう。

●人事は「おせっかい」であるべし

人事という仕事に向いていると思うのは、人のことが好きで好きでしかたないことです。だから、周りの人のことが気になって気になってしかたない。そうじゃないととてもつとまりません。採用や研修、評価だけが仕事ではありません。楽しいことばっかりでは当然ないし、それどころかいつ何が起こるかわからない。ハッキリ言って、人事の仕事っていつも「暗雲の中」にいるという気さえします。ほんの少し先のことさえよく見えない。

企業という集団の中では、いつどんな事故や不祥事が起こるかわかりません。本社のオフィスにいるときに窓の外を救急車が工場の方面に向かって走っている音を聞けば、「もしや、うちの工場で誰かがけがを?」なんてことを一瞬のうちに考えてしまうのが人事の頭の中です。社員本人だけでなく、家族の病気やトラブルにも寄り添って一緒に解決を目指します。「困ってることはない?」「身体は大丈夫?」「ちゃんと食べてる?」なんてことを社員一人ひとりの顔を見ながら始終思っています。私はよく社員に、小川珈琲のお母さんだからね。何故か放っておけないの。と言います。そして、心の中ではおせっかいなお母さんから早く自立してね！　とつぶやいています。

そんな中では、新卒採用のための説明会はほとんど唯一といってもいいくらいの「明るい」仕事です。未来に向かう仕事。集まった学生さんたちにも「今は就活真っ最中でしんどいかもしれないけど、トンネルを抜けると未来が広がるよ。もうちょっとがんばろうね」と前向きな話ができるのがいつも嬉しいなって思います。まさに元気をチャージ！　学生さんにもチャージするけど、私たち社員も学生さんから元気をチャージしてもらっています。

「参加するだけで、なんだか楽しくて元気になれる説明会」という評判をいただけるようになってから、説明会には本当にたくさんの学生さんたちが参加してくれるようになりました。でも、だからといって会場を大きくしすぎたり回数をたくさん増やしたりはしていません。なぜなら、学生さんたちというのは将来の小川珈琲の商品のユーザー候補でもあるからです。小川珈琲は規模の小さい中小企業だから、採用できるのは多くても年に10人程度。あとはどんなに素敵で優秀な人であっても社員にはできない人たちです。

つまり、いくらたくさんの学生を集めたとしてもそのほとんどが結果としては「小川珈琲、落ちちゃった」ということになるわけです（もちろん、学生さんの方が小川珈琲を選ばないということもありますが）。

その方たちが小川珈琲のコーヒーを見かけた時に「あ、ここ、落とされたんだよね」と思って「絶対飲まない」なんて言われてしまうと困るんです。「落ちちゃったけど、でも、あの会社のことは好きだなぁ」というのを目指しています。「小川珈琲の説明会、話が面白くてよく笑って楽しかったな」という記憶が残ってくれれば大成功です。

●「新人さん、いらっしゃい」

採用活動に人事部だけでなく社内のいろんな部署の方の協力を要請した時には、一斉に「NO！」の返事が来ました。「ただでさえ忙しいのに、これ以上仕事増やさんといて」「どうしても大卒が採りたかったら、そっちで勝手にどうぞ」なんてことも言われたものです。そこをなんとかがんばって、引きずり込んで巻き込んで…、今では説明会には各部署から社員が応援に来てくれたり面談を担当してくれたりしています。

そうなると、どうなると思いますか？　私が採用に各部署の社員を巻き込んでいったのは、決して「人手が足りない」からという理由ではありません。「採用」という会社にとって非常に大切な未来を左右する仕事を、社員のみんなに「自分ごと」としてとらえてほしかったからです。

一度しっかり採用に関わってくれた社員は、自分が担当して「あの子いいね！」と評価した学生さんの入社が決まると嬉しくてたまらないようです。入社式などで顔を合わせた時には「俺が推薦したんやで」なんて本人に恩着せがましく言いに行ったりして、それを新入社員の方でも「ありがとうございます！」と嬉しそうに受けている光景をたびたび見かけます。

経営陣も毎年必ず期初の挨拶で「新人を大切に育てましょう」と繰り返し言ってくれます。そうやって大切に育てられた新人たちは、翌年以降は「新人が待ち遠しい！」「新人が来たら大切にしよう」と心から思える先輩社員になっていきます。採用に社内が一丸となって自分ごととして取り組むことで、いつのまにか数珠つなぎに素敵な社員が増えていくのです。

仕事終わりに先輩社員と本店でお茶をしている社員、休みに先輩社員と海外旅行に行く社員、上司とその家族とＢＢＱに行く社員、そして我が家にも昨年入社の７名が晩御飯を食べに来てくれました。

私は皆の京都のお母さんです。せっせせっせと御給仕係をして束の間の時間を楽しみました。

第五章　採用が会社の未来をつくる

●採用が最高の教育

社員の教育は、会社の未来にとっては本当に大事なことです。本来なら、最優先すべき事柄だとも思います。ただ、ここで「本来なら」と書いたのは、「そうは言ってもね…」と続けざるを得ないこともよくわかっているからです。

そうは言っても予算も時間も人手も限られているんです。中小企業の人事部で二十数年仕事をしてきたので、そのあたりの事情はわかりすぎるほどわかっています。

じゃあ、どうしたらいいのでしょう。予算がないから、時間が足りないからという理由で社員教育をあきらめますか？　そんなわけにはいきませんよね。だって、社員の育成は、ストレートに会社の未来を左右する重要事項です。あきらめるわけにはいきません。

もったいぶらないで、解決方法をお教えしましょう。とにかく、良い「採用」をすることです。「採用」そのものが、最高の「教育」なのです。

採用における絶対厳守の鉄則は「必ず、今いる社員以上の素養を持った人材を採用する」ということです。去年よりも今年、今年よりも来年。必ず今以上の人を採るぞ！という気持ちで臨まなければなりません。ここでは一切の妥協は許されない。どんなに喉から手が出るくらいに人が欲しい時でも、「今以上」の人じゃなかったら採用してはいけません。人数合わせの採用なんてもってのほかです。

結局、「最初」がとても大事なんです。「鉄は熱いうちに打て」というのは本当にその通りで、入り口の部分の素養やポテンシャルをしっかり見極めた上で採用し、新人のうちにしっかり教育すると成長のスピードがとても速いのです。そんなにお金や時間をかけなくても、素材がよければおいしい料理が出来上がるのと同じです。

私が学生さんとの面談で必ずチェックするのは、

・素直であるか
・人の話が聞けるかどうか
・理解力があるかどうか

・人の気持ちを考えられるかどうか
・どのようにしつけられてきたか

などです。

新卒採用は中途採用とは違ってまだ社会を知らないので、上手に導いてあげれば驚くほど大きく成長してくれます。ポテンシャルさえ見極めておけば、教育にさほど手間はかからないはずです。

優秀な新人が入ってくることは、社員すべてにとっても素晴らしい「教育」になります。「今年の新人はすごいな！」という驚きは社員に刺激を与えて「自分たちもうかうかしていられない」という気持ちを起こさせます。時間をかけた研修よりも、お金をかけた教育よりも効果抜群です。

●ダメな会社の「採用あるある」

他社の人事担当者と話していて、「うわっ。この会社ってまだこんな採用をやっているのね」と正直なところ内心でおおいにあきれちゃうことがあります。その最たるものが「学歴採用」です。

学歴で人を区別しないという方針を貫いている小川珈琲としては驚くばかりなのですが、いまだに大学別ノルマが課されている会社もあるようです。どういうことかというと、「○○○3人、△△△3人」といった大学別の採用目標人数が決まっていて、たとえば○○○大学の学生の内定が取れると「○○○一人、ゲットしました！」なんて発表があってみんなで拍手してお祝いをする。そんなことが本当に行われているらしいのです。

私に言わせれば、これはダメな会社の典型的な採用方法です。採用したい良い人材が○○○だったというのならいいんですが、大学名から入るのは本末転倒です。そういう採用の仕方は学生さんにとっても失礼な話ですし、案外、結局は内定辞退という憂き目にあっていることが多いんじゃないかしらと推察します。

採用時の男女差別というのも、残念ながらまだ存在します。たとえば昔は小川珈琲でも、現場からは「男性が欲しい」と言ってきたりするんです。どうして？　と聞くと、「男は泣かないから」と。さらに、「女性は結婚や妊娠で仕事を中断しちゃうからな」だなんて平気で言ってきたのです。

そういうときにはいつも、私は現場と戦ってきました。

「あなた、そのセリフ、自分の奥さんや娘さんの前でも言えますか？」

残念ですが、まだまだ男性の意識ってそんな程度なのかなと思ったこともあります。男女差の問題についてはまだまだ国全体で意識改革が必要なのだと思いますが、まずは自社でできる事、バイアスをかけるとどんな不自由な事があるのか、組織の成長にとってマイナス材料になるのかを伝えなくてはいけません。私に活躍の場を与えて下さったような良き理解者を一人でも多く増やさなくてはいけません。人事担当者は誰よりも率先してそれに取り組むことを心掛けるべきでしょう。

●採用におけるマーケティング手法とは

小川珈琲では、採用戦略にマーケティング手法を取り入れています。毎年、経営戦略と併せてどんな人材が必要かの「ペルソナ」を作ります。

具体的にはこんな風に進めます。

「売上を上げる」人と「価値をつくる」人の2つのペルソナをイメージして、それらの学生が小川珈琲に何を求めているのかを考えます。

現場でバリバリ働いてトップセールスを目指しているのか、ものづくりでヒット商品を作りたいのか、ペルソナを設定して説明会の演出（シナリオ）を考えます。

採用に成功している企業は、「求めるニーズ」と「提供する価値」が合っているものです。どちらにしても、学生さんが企業に求めているのは説明会に割いた時間（エントリーシートや履歴書記入）、使ったお金に見合うだけの「価値」です。

成功しない説明会は「自社のため、自社都合」でやっているケースが多いように思います。

小さな会社でも成功に結び付けるには、話題性に富み、足を運ぶ度に志望度が高まる説明会です。次のデートが楽しみなように、再訪してもらうには何をすればいいのかを考えに考えて工夫をすること、そして実行することが大切です。

「会社説明会の運営はしっかり考えているんやけど。入念な打ち合わせしてるんやけど」という声をよく聞きます。結果を出すのには考えるだけではダメ。実行しなくてはいけません。戦略と戦術のどちらもが必要なのです。

戦略の肝は自社軸ではなく志望者の立場で考えるということです。そしてもう一つ。経営軸も大切です。中小はたくさんのお金を採用に使えません。私はよくスタッフに言いました。

「インプットとアウトプットのバランスを考えて」と。

つまり少ない予算でも使ったお金以上の成果をあげるという意識です。

マーケティングとはお客様（志望者）の求めていることを知り、そこに小川珈琲独自の価値やサービスを提供していくこと、結果、経営に貢献できること、というように「お客様（学生）」「自社」「経営」というマーケティングの基本にのっとった考え方で進めて行くことが大切だと考えています。

採用活動というのは、むやみやたらに良さそうなことを片っ端からやってみてもうまくいきません。成功するためには必ず戦略と戦術が必要です。

●小川珈琲の企業風土は「かやくごはん」

関西人が大好きないわゆる「おふくろの味」の一つに、かやくごはんがあります。標準語では「五目炊き込みご飯」と呼べばいいのでしょうか。季節によっても変わりますが鶏肉、ゴボウ、にんじん、こんにゃく、油揚げ、いんげんなどいろんな具を入れて炊き込みます。

小川珈琲の社内風土は、この「かやくごはん」なのです。いろんなタイプの「味」があって、それぞれがちゃんと個性を出しつつ協調もしている。全体としてもまとまったいい味を出しているけれど、それでいて一つひとつの味わいもしっかりと感じられる。

こんなふうになったのは、毎年の経営方針によって人事採用の戦略もその都度見直して変えてきたからです。近年は社会の変化も激しく、成長戦略も毎年変化しています。よって、毎年採用したい人のタイプが違うので、いつのまにかいろんな個性的なタイプの人が集まっていました。かやくごはんみたいにそれぞれがいい味を出して全体の味わいをさらに高めてくれています。

採用方針は毎年変えていいんです。変わらない方がおかしい。前年と同じようにとか、前任者のやり方を踏襲してなんてことを考えてしまうと、そこで動きが止まって澱んでしまいます。とはいえ、メディアに乗せられて流行の手法ばかりに目がいくと会社のアピアランス（らしさ）が無くなり、数年後には理想としている企業風土とギャップが生じることになるでしょう。採用方法に経営方針などとの乖離や矛盾がないかどうかを熟考し、自社独自の採用手法を確立することが大切です。

その年の採用担当責任者が自分の好みを色濃く反映させるなんていうのもダメです。よくありがちな例として、体育会系出身の人事部長が同じように体育会系出身者ばかりを採用したがったり、あるいは同郷の人に肩入れしたり、田舎出身者は純朴だからいいんだなんてたいして根拠のないことを言い出したりするようなことがあります。こういうのはすべてNG！　人事の目は会社の目でなくてはなりません。個人の目は閉じておいてください。

小川珈琲では、ちょっとユニークな視点も採用の基準に加えています。それは「この人にコーヒーを出してもらったらうれしいかどうか」ということです。イケメン、美人は文句なしに嬉しくなりそうですが、でも、たとえばアイドルグループのようなイケメンだとかえって緊張してしまうかな、なんてことも考えたりします。一方で、決して男前ではないけれど味のある顔で採用された例もあります。彼がニッコリ笑って「どうぞ」って言ってくれたら、いかにもコーヒーが美味しそうに感じられる！　そう確信したからです。

●メールと電話の使い分け方法

説明会が終わると、こんどはグループ面談、そして個人面談へと採用選考は進んでいきます。この時の連絡はメールと電話をうまく使い分けて、こちらが狙っている人材を少しずつ確実に取り込んでいかなければなりません。

ここでは、履歴書とアンケートをしっかり読み込む必要があります。

小川珈琲では自社説明会の後アンケートを記入してもらいますが、質問の中に現在の志望順位を記入してもらう項目があります。

第1志望、第2志望、第3志望、その他という4つの中から順位づけをしてもらいます。

採用は相思相愛がベストなのはいうまでもありません。

第1次通過者の多くが第1志望以外だとフラれる可能性が高くなります。しかし、第1志望に○をつけた学生さんの中から今後の母集団形成をするのは本末転倒です。狙っている学生さんが第2志望までなら連絡方法でぐっとこちらに心を惹きつけるようにメールの文章と電話の話し方で使い分けをします。

STEP 1　合同説明会のお知らせなどは一斉メールで送る

STEP 2　2回目からは相手によって対応を変えていく

【狙っている学生の場合】

メールの文面に「あなた」にだけの文章を入れます。

（例文）

先日の説明会では前列で熱心に笑顔で聴いてくださっていた姿が嬉しかったです。私の問いかけにもすぐさま反応してくださってありがとうございました。またきっとお会いしたいです

このように、メールを受け取った学生さんが「私のことだ」と分かる内容をさりげなく入れます。

【狙っている学生以外の場合】

一般的な文面のメールを送る。

（例文）

先日は（朝早く、遠いところを等）会社説明会にお越しいただきありがとうございました。弊社の説明会はいかがでしたでしょうか。活動はこれからが本番です。お身体に気をつけて頑張って下さい。

狙っている学生さんを確実に呼びたい場合は、さらに電話もかけると効果的です。「明日、待ってるね」と前日に連絡します。ただ、この場合気をつけたいのは、学生さんというのは横のつながりがとても強いということです。特に、この時期は就職活動を共にしているという意識があるからか情報交換を頻繁に行っているようです。

「私、きのう小川珈琲から電話があったよ」「え？　私のところはなかった」という会話は、この時点ではまだ避けた方が無難なので同じ大学の学生さんが複数いる場合は「見た目」の扱いは同等にそろえておきます。メールの文言や電話でのニュアンスを少し変えることで意中の学生さんにだけ「熱い」思いをチラリと見せましょう。

STEP 3　最終面接の連絡はメールで約束をとった上で必ず電話をする

【狙っている学生の場合】

何時頃ならゆっくり話せるかの確認はメールでとります。その上で、先方の都合のいい時間に電話をかけて「どうしても会いたい」「ゆっくり話したい」と訴えます。

【狙っている学生以外の場合】

筆記試験の内容や面接試験の内容を厳しくすることで、徐々にハードルを上げていきます。こちらからお断りする前に、学生さんの方であきらめてくれるように仕向けます。

現在のところ、小川珈琲の新卒採用ではＳＮＳの活用は始まっていませんが、今後は上手に活用していかなければならないでしょう。

●ワンランク上の説明会運営術

スタッフ全員でおもてなし運営を心がけます。

会場を借りる場合は貸会場の方にも事前に丁寧に挨拶をし、小川珈琲の商品をお渡しし、簡単な企業説明も行います。するとと、二度目にお借りする時はこまごまとした配慮をして下さいます。説明会にアクシデントはつきものです。社内だけでは解決できない問題も社外の方のお力でなんとか事なきを得ることがたくさんあります。

小川珈琲の会社説明会は10名前後で運営します。会場設営はよほどの事が無い限り全員で行います。運営をしながら説明会に向けて心の準備をしてもらいます。

設営が終われば円陣を組みます。そして、まず私が「本日宜しくお願いします」と挨拶をします。その後、留意点を話しますが内容は簡単明瞭です。

「今日は、友達、恋人、大切な人を迎える日と思って下さい。皆さんは飾らず普段通りにただ一つ、真摯に学生さんに向き合って下さい」とだけ。

たったこれだけですが、気合いが入り、スタッフの顔つきは変わります。その後質問を受けます。そして最後に大きな声で「頑張りましょう！　宜しくお願いします！」で締めます。

　スタッフは皆、指示を受けなくてもすぐさま動き始めてくれます。空調を点検する人、資料がまっすぐに置かれているかをチェックする人、参加学生の名簿を確認する人、休憩時に提供する飲み物やお菓子の置き場所の確認などなど。学生さんが来られたら、受付対応する人、入口で挨拶する人、座る場所に案内する人、それぞれが居心地の良い雰囲気づくりをしてくれます。

　そうです。居心地の良い空間こそが小川珈琲の会社説明会の価値でもあるんです。会社説明会というと重苦しくて硬い雰囲気が多いと思いますが、そうすると学生さんの記憶にはそのことがインプットされます。リラックスした状態で話を聞くと新しい情報を受け入れやすいという研究結果が発表されているように、質疑応答の時間にも次々に質問が出ます。学生さんと社員の対話の量が増えて、帰りがけには学生さんとの距離が格段に短くなっています。

　説明会に参加してくれたスタッフは皆口々にこういいます。

「僕（私）が就活の時、小川珈琲の人は温かく迎えて下さって嬉しかった、だから今度は僕（私）が学生さんを温かく迎える番です」と。

小川珈琲の2017年新入社員研修会。

「おもいやりある集団」がここにあります。採用が一番の教育と私が確信しているのはこういう瞬間です。

お伝えしたい事は小さな会社でも採用を成功に導けるという表面的な事ではなく、経営として、採用をどのように捉えるか、本質をしっかり見る事が大切だという事です。人に携わる仕事に長年関われた事に心より感謝しています。

エピローグ

小川珈琲に入社して多くの事を学びました。たった一つですが、学びを紹介させて下さい。それは、高い理想を持つという事です。

これは現実を見るとギャップが大き過ぎて時としてくじけそうになるかもしれません。プラスに考えると、ギャップが大きいほど挑戦しがいがあるし、そこに努力がうまれ、いつしか周囲には応援してくれる人が現れます。

高い目標はいつしか夢に変わり、夢に向かって歩み続ける習慣ができ、より多くの人との出会いが生まれます。

私の信条は「お金儲けより人儲け」です。ある時から人事という仕事を業務として捉えずお役目だと捉えるようになりました。人と人とで未来を創る、それが私のお役目なんだと。

人の心は人でしか動かせず、人は人でしか磨かれない。摩擦があってもその先には磨かれた自分がいると信じて一生懸命働く。

一粒一粒の珈琲豆を大切に。それは生命を大切にというメッセージだという事に気が付いた時から誇りを持って仕事をすることができました。

専務（現社長）が私を採用してくださったのは、小川珈琲が京都で愛される「珈琲屋

2018年に開催された小川珈琲の新年会。

新入社員歓迎会。

さん」の時代でしたが、今は、今はグローバル企業を目指して夢を追いかける企業になりました。仕事を通して多くの生きがい、やりがい、働きがいを感じることができました。

人事の経験もない入社したての私に採用の手ほどきをして下さり、また人間関係で悩んでいる時は、職場における立場や役割を理解できるように話しをして下さり、周囲とコミュニケーションを図ることが自分の居場所をつくることだという事を気付かせて下さいました。仕事で必要な勉強を少しずつ始めてスキルアップし、会社に貢献できることを増やす事ができた時、自分の存在意義を見出す事ができてとても嬉しかったのを覚えています。

お客様や社員の喜びが自分自身の喜びとして感じられる仕事を与えて下さり、人事という仕事が天職だと感じる事ができました。

数多くの学びを頂き本当にありがとうございます。学びを活かし公私共に充実した楽しい人生を今後も歩んでいきたいと思います。

２０１９年5月　原田英美子

小川珈琲本社のトレーニングルームにて。

そんな採用でよろしおすか？

心づくしの採用が起こした京都小川珈琲の奇跡

2019年5月30日　初版第1刷発行

著　者　原田英美子
発行者　滝口直樹
発行所　株式会社マイナビ出版
〒101-0003 東京都千代田区一ツ橋2-6-3 一ツ橋ビル 2F
TEL 0480-38-6872（注文専用ダイヤル）
TEL 03-3556-2731（販売部）
TEL 03-3556-2735（編集部）
Email：pc-books@mynavi.jp
URL：http://book.mynavi.jp

編集協力　白鳥美子
制作協力　小川珈琲株式会社
印刷・製本　中央精版株式会社

ISBN978-4-8399-6929-5
Printed in Japan